A

專屬型人的血型星座大解析

www.foreverbooks.com.tw

yungjiuh@ms45.hinet.net

幻想家系列 55

專屬 A 型人的血型星座大解析

編　　著	米蘭達
出 版 者	讀品文化事業有限公司
責任編輯	洪雅雯
封面設計	林鈺恆
美術編輯	王國卿

總 經 銷	永續圖書有限公司
	TEL ／(02)86473663
	FAX ／(02)86473660
劃撥帳號	18669219
地　　址	22103 新北市汐止區大同路三段 194 號 9 樓之 1
	TEL ／(02)86473663
	FAX ／(02)86473660
出 版 日	2018 年 8 月

法律顧問	方圓法律事務所　涂成樞律師
CVS 代理	美璟文化有限公司
	TEL ／(02)27239968
	FAX ／(02)27239668

國家圖書館出版品預行編目資料

專屬 A 型人的血型星座大解析／米蘭達編著.
--初版.--新北市 ： 讀品文化,民 107.08
面；公分. -- （幻想家系列：55）
ISBN　978-986-453-078-6 (平裝)

1. 血型　2.占星術

293.6　　　　　　　　　　　　　　107009619

前言

　　「一千個人心中有一千個哈姆雷特」，對哈姆雷特的判讀，仁者見仁智者見智，這是個性使然。同樣道理，「一千個人擁有的也是一千種獨具特色的人生」，對人生的經歷，酸甜苦辣五味雜陳，也是性格決定的道路曲直。

　　血型決定性格，性格決定命運，由此可知血型的重要性。當然，這並不能夠等同於血型決定命運。血型是與生俱來的，已經註定無法改變，但命運不是天生的，是可以適應與改變的，這就需要我們來瞭解血型的祕密，只有瞭解血型，認識性格，才可以改變命運。

　　血型是指人體內部血液物質的化學差異，代表著人體組織材料不同的性質。自從1900年，奧地利維也納大學助教卡爾‧蘭德斯坦納，首次發現紅細胞血型並根據紅細胞凝集命名A、B、O、血型以來，血型不只進入了醫學界的研究，更引起了全世界對血型的關注。

　　隨著對血型研究的細化發現，不同血型的人具有不同的先天思維模式，它與孩提時候的家庭、社會環境一起決定著一個

人的性格氣質。而從血型的分佈來看，擁有Ａ型血的人占世界人口的40％，並且在中歐（占44％）和日本（占38％）分佈得最廣。

　　西方星座學用太陽在天球上經過黃道的十二個區域的時間，將人們按出生時間劃分為白羊、金牛、雙子、巨蟹、獅子、處女、天秤、天蠍、射手、摩羯、水瓶、雙魚十二個星座。十二星座各有不同性格及命運，白羊座精力旺盛、活力充沛，金牛座慢條斯理、大器晚成，雙子座變化速度快如風，巨蟹座充滿母性……站在科學的角度上，不同的星座與地球在太陽系中公轉的位置具有密切的關係，每年的同一個時段裡，它所在的位置、氣場等具有共同的特性，對在同一個時段出生的人在性格等各個方面難免有共同的影響。

　　本書主要從Ａ型血的性格分析入手，透過瞭解Ａ型人在家庭生活中的舉止表現，在職場中的處事作風，在社交場所中的實戰技巧，以及在健康身心上的養生祕訣，來全面揭示Ａ型血對人們的影響。

　　最後，透過解讀Ａ型血與十二星座的巧妙結合，讓大家認識一個全新的特性Ａ型人——尊崇完美主義，做事不張不揚；懂得堅忍穩重，做事中規中矩；主張順應適從，做事顧全大局；感情細膩敏感，做事優柔寡斷。相信這不僅會讓Ａ型人對自己的性格擁有一個全面、深刻的認識，同時會對人生方向具有一定的指示意義。

　　學習血型與星座，瞭解自己，做一個真正認識自己的人，

才能夠讓自己具備斬斷「悲劇」命運的能力。畢竟，擁有什麼樣的性格，就會用什麼樣的方式去做事情，進而就會帶來什麼樣的結果。

《專屬 A 型人的血型星座大解析》，幫你透視內心潛伏的能力，幫你解析性格的漏洞，幫你制定正確的人生規劃，它能指引你輕鬆玩轉職場，快樂收穫生活價值，享受健康的樂道。

前言 003

開篇 010

1 關於 A 型血的秘密

A 型如何在歷史中形成 015

A 型人的顯性素質祕密 016

A 型人的隱性素質祕密 017

強勢 A 型人的特徵 018

弱勢 A 型人的特徵 019

2 十二星座的「豪情壯語」

白羊宣言（3月21日～4月19日）.......................021

金牛宣言（4月20日～5月20日）.......................022

雙子宣言（5月21日～6月21日）.......................023

巨蟹宣言（6月22日～7月22日）.......................024

獅子宣言（7月23日～8月22日）.......................025

處女宣言（8月23日～9月22日）.......................026

天秤宣言（9月23日～10月23日）.......................027

天蠍宣言（10月24日～11月21日）.......................028

射手宣言（11月22日～12月21日）.......................029

摩羯宣言（12月22日～1月19日）..........................030

水瓶宣言（1月20日～2月18日）..........................031

雙魚宣言（2月19日～3月20日）..........................032

③ A型人性格奧妙剖析

A型人的性格大解密.................................035

A型＝憂鬱的藍色.................................037

A型人之性格解讀——女性篇.................039

A型人之性格解讀——男性篇.................040

精於「算計」的A型人.................................042

A型人如何看待「鬧情緒」.................044

給A型人的建議.................................045

④ A型人輕鬆玩轉職場

適合A型人的工作類型.................................049

A型主管的管理風格.................................050

A型人的職場表現.................................051

怎樣任用A型下屬.................................054

與A型同事「合作愉快」的祕訣.................059

A型人的離職觀.................................062

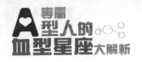

5 Ａ型社交達人的實戰技巧

Ａ型人的看人學問 067

Ａ型人說話習慣與待人方式 068

Ａ型人和其他血型的朋友關係 070

從日常往來中識別Ａ型人 071

如何與Ａ型異性相處 073

6 Ａ型人養生大揭祕

Ａ型人的健康問題 079

Ａ型人如何消除身心壓力 082

Ａ型人的睡眠品質是多少 085

Ａ型人不同年齡時期的保健要點 088

Ａ型女生美容養顏攻略 091

Ａ型人肥胖原因及營養瘦身策略 092

7 Ａ型人家庭生活小提示

Ａ型人的愛情態度 095

讓Ａ型女厭惡的男生 098

為什麼愛家的Ａ型男會出軌 100

Ａ型＋Ａ型夫妻：我們從來不想分開...................... 103

Ａ型人的理財與消費 105

8 Ａ型人之黃道十二宮

Ａ型✕白羊座 109

Ａ型✕金牛座 118

Ａ型✕雙子座 128

Ａ型✕巨蟹座 137

Ａ型✕獅子座 147

Ａ型✕處女座 158

Ａ型✕天秤座 167

Ａ型✕天蠍座 177

Ａ型✕射手座 186

Ａ型✕摩羯座 195

Ａ型✕水瓶座 204

Ａ型✕雙魚座 213

開篇

在古代，血液就被人們視為「靈魂的主宰」「性格的象徵」，而後的科學研究也認為，人的血型和人的性格之間存在著一定的相關性。因此，瞭解血型有助於我們更好地認識自身和他人。而人類血型的發現，也有一段頗為曲折的歷史。

17世紀60年代的一天，英國科學家查理‧羅爾看到一條出了意外的小狗，因流血過多，已經奄奄一息。小狗非常可憐，查理‧羅爾開始想有沒有辦法可以救小狗，經過苦想，查理‧羅爾想出了一個可能拯救小狗生命的方法。

他試著將那條奄奄一息的小狗的血管與另一條狗的血管連通，這樣那條沒有受傷的小狗的血就慢慢地流入了已經奄奄一息的小狗的身體裡。過了一會兒，那條奄奄一息的小狗竟然神奇地活了過來。他的這種使血液得到補償、救活小狗的有效方法，啟發了人們，使人們意識到，透過不同個體間的輸血可以挽救生命。這個300多年前的偶爾嘗試，就是後來輸血技術的萌芽。

隨後，便有人要求將羊的血輸入自己丈夫體內以改變他暴

戻的性格，使他變得溫順，該男子自己也同意，於是，他們找到了法國的鄧尼斯醫生。但是，結果可以想像，就在鄧尼斯醫生為這名男子輸入羊血時，悲劇發生了。這名男子突然呼吸困難，心跳加快，痛苦萬分，出現一陣歇斯底里的狂躁，最後痛苦地死去了。隨後鄧尼斯醫生被人指控為「過失殺人」而入獄，從此再也沒有人敢嘗試為人體輸血的工作了。

一百年後的一天，英國的生理學家兼婦產科學家詹姆士·博尤戴爾醫生為了拯救一名因難產而大出血的孕婦，在徵得其丈夫同意後，冒著入獄的危險為孕婦輸血。

這一天是值得紀念的日子：詹姆士醫生將一名健壯的男子的血輸給了那位失血過多的產婦，終於使她得救了！在鄧尼斯醫生因為輸血入獄的一百多年後，人類終於成功地完成了這一偉大的壯舉。這一年的12月22日，在倫敦醫學年會的講台上，詹姆士醫生成了做人與人之間輸血成功報告的第一人。

但隨後的許多次嘗試證明，並非每個人體輸血病例都能成功，甚至有的還會出現嚴重的生理反應而加速死亡。看來，輸血技術還存在著許多理論問題尚未解決。

此後，這個問題一直困擾著一大批科學家。直到有一天，奧地利免疫學家卡爾靈機一動，想到會不會血液也有不同的類型存在，於是在1900年，卡爾採集了22位同事的正常血樣，然後將它們交叉混合。結果他發現紅細胞和血漿之間出現反應：某些血漿能促使另一些人的紅細胞凝集，但有的血漿與紅細胞無法凝集。於是他將這次實驗結果編寫在一個表格裡，經

過仔細觀察，他發現表格中的血液可以分成3種，也就是A、B、O三種血型。

　　兩年之後，卡爾醫生的兩名學生擴大實驗範圍至155人，他們發現除了A、B、O三種血型之外，還存在著一種較為稀少的第四種類型，後來稱為AB型。1927年，經國際會議公認，決定採用卡爾原定的字母來確定血型，即A、B、O、AB四種類型，ABO血型系統正式確立。卡爾也因貢獻重大，在1930年獲得諾貝爾醫學生物學獎。

　　由於血型被成功分成了四種類型，因此血液傳輸幾乎不會再出現因為血型不合而致死的現象。血型類型的區分，引發了全球醫學界乃至世界人們對血型的熱切關注和研究。於是，一連串的疑問開始出現：

　　◆為什麼人類會出現不同的血型？

　　◆不同的血型是否存在彼此的特殊性？

　　◆血型與人們的性格以及相關的生活、工作等等有著何種關聯？

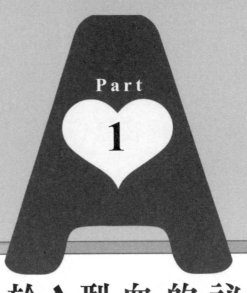

關於A型血的祕密

用一句話來概括 A 型人的人格特質，那恐怕就是：善於自我剖析，刻意追求完美，自我使命感強烈。A 型人看上具有很強大的親和力，性格溫和，做事謹慎，力求做到最好。但他們往往容易情緒化，樂於偽裝自我。

A 型人，憑藉著他們的特質，在現實社會生活中往往從事著科技、經濟規劃、作家、歌星、記者、科學家等重要的職業角色。他們的適應性、智慧、創造性以及可塑性也由此在社會舞台中得以鮮明突顯。

A型如何在歷史中形成

　　A型人出現在人類進化階段的開始。如今,這種血型的人集中分佈在西歐,如西班牙、土耳其、地中海地區的亞得里亞海以及愛琴海沿岸。此外,在位於亞歐大陸東端的日本,也有不少A型人。

　　隨著狩獵武器的發明和改良,人類開始捕獲大量的野獸,以致出現了肉類的短缺。於是,進化開始了。從此,人類開始從事農業生產,並學會了儲存糧食。他們的飲食結構也在進化過程中慢慢發生著改變。最開始,他們還只是以植物、水果和蔬菜為食,以糧食和牛奶為主食是到一萬年前才出現的事。

　　在人類的血型逐步適應新的飲食結構的同時,這個改變了的飲食方式還要求產生一種新的性格。這種性格完全不同於獵人的孤獨和耐心,它要求含有更多的合作能力與集體精神,於是,在一系列的集體活動中,人們之間逐漸產生了相互依存、相互聯繫的社會關係,並相對穩定下來。這個穩定在小型團體中,交際能力、樂於助人及溝通能力顯得至關重要。這一切從人的血液中反映出來,就產生了A型人。

A型人的顯性素質祕密

1. 在處理外事活動中往往有足夠勇氣直接面對各種事務，既不怯場也不怕人，舉止得體大方。

2. 具有濃烈的集中性意識，即富有團隊精神和服務意識。

3. 待人主動、親和，在必要的時候，不會過多的計較自己的獲得與失去。

4. 為人處世中，穩重識大局。總是持有整體性的戰略思想，不會因謀一己之利而忽略大局利益。

5. 較強的責任心與使命感，從來不會推卸自己的責任。

6. 擁有很強的務實精神，無論在生活、事業，還是感情上，都注重實際、實效和實在。

7. 對外界環境具有較強的適應性，懂得克制與以藏自己。有時，甚至為了與周圍人的關係協調，而主動學習人際關係的知識等。

8. 他們往往舉止端莊得體，氣質高雅。

A型人的隱性素質祕密

1. 多由於穩重、內向，不喜歡常與外界打交道，也不喜歡過多的鋪陳和排場。

2. 考慮問題容易偏向自我，而忽略他人的想法以及感受。

3. 精於算計，做事有始有終。只要是自己認定並已經付出了的事情，一定會堅持到底。

4. 具有高度的警覺性。對於危險性的和不適應自身的東西，往往敏感、警惕的對待。

5. 不善於交際，以及與人們的溝通，與他們的內心會保持著距離。所以很少有一下子交到好多朋友的時候。

6. 對新事物的接受往往起先持有徘徊的心態，最先吃螃蟹的人應該不會是A型人的哦。

7. 不管對人對己，由於具有較重的猜疑心，故常常以警戒的心把自己偽裝起來，一般人是看不出他們心裡想什麼的。

強勢A型人的特徵

　　強勢的A型人，往往是腳踏實地、顧全大局的領導人物。他們的身上差不多聚合了A型人所具備的顯性素質。他們擁有強烈的責任感，樂於為集體服務，處理事情也是優雅得體而不失分寸。在責任心和理想的支配下，他們往往具有強大的號召力和凝聚力。

　　更重要的是，A血人本身具有的對危險的高度警覺會使他們從別人的失敗和災難中獲得教訓，從而戒慎恐懼。由此，A型人總是能夠在最大限度上搶先一步做到防患於未然。這無論對生活還是對工作來說，都是一種良好的習慣。

弱勢A型人的特徵

　　弱勢A型的人，與強勢A型人的特徵恰好相反。他們總是過著平淡、拘泥的無趣生活，不喜歡與外界有太多的甘葛。即使偶爾參加一些娛樂活動，也只願意和非常熟悉的人在一起。由於弱勢中隱性因素的負面比較多，而顯性因素又不能充分發揮優勢作用，所以弱勢的A型人與人溝通的能力比較差。

　　他們做任何事情都不太願意積極主動，不願意主動學習，不願意主動與人交往，不願意用長遠的目光看待問題，接受新事物的能力比較差，創新能力也就相對不會很好。他們還往往缺乏傾訴和釋放，而總會讓自己承受太多委屈與不平的壓抑。

　　所以，作為A型人，不要片面地看到A型的共性特點，還應該對這些限制級的祕密加以重視。強勢的A型人與弱勢的A型人雖有同種血型，卻表現出截然不同的兩種風格，一種會巧妙地根據現實需求，能屈能伸，實現抱負；另一種則常常讓自己處於優柔寡斷到難以自拔的境地。

Part

2

十二星座的「豪情壯語」

白羊宣言
（3月21日～4月19日）

　　大家好，我是白羊，位居十二星座之首，我很有創新和冒險的精神，偶爾也會表現出很強的領導欲。我精力充沛，不管做任何事情都會全力以赴，力爭上風。我的性格是坦誠、直率，往往以自我為中心，同時也充滿正義感，熱情似火，對身邊的人很有影響力。我總是坦誠地表達自己的想法，很容易獲得別人的信任和尊重。

　　我很不喜歡因循守舊，按部就班的生活方式，所以人們都說我的思想是真正意義上的先鋒。正因如此，有時我就會表現出急躁、好勝、沒耐心等性格缺陷。

　　——白羊座的人具有積極機動的人格，一生中個人的、社會的、經濟的各方面都決定於他個人對心智及感情的表現。但有的時候，他們在物質、情緒、精神等方面有極端化的趨向，可能會產生過激的行為。

021

金牛宣言
（4月20日～5月20日）

　　大家好，我是牛牛，十二宮的第二個星座，代表成長。我會給人沉靜、勤奮、誠實、作風消極的印象，但其實我的人情味很濃厚。

　　我性格特點是很有耐心、態度穩定，富有實幹精神。不喜歡變化，鍾愛自然物質，對待感情比較專一。我在面對重大抉擇的時候會思前想後，猶豫不定，但是一旦下定決心，就能以頑強的意志力，執著地向著目標邁進。

　　我有天生的審美感，喜歡物美價廉的東西。做事小心謹慎，講究方法的正確性，力求做到完美，而且忍耐力超強，這是我的優點。頑固、自私、懶惰、喜好奢侈浮華，容易自我放縱等是我的缺點。

　　——整體來說，金牛座的人不希求不勞而獲，不是理想主義者，只求一步步地努力，最後獲得成功的果實。

雙子宣言
（5月21日～6月21日）

　　大家好，我是興趣廣泛、多才多藝、思維敏捷的雙子。我的想像力豐富，適應能力強，兼備活力和聰慧。

　　在性格方面的最大特徵，就是具有極敏銳的觀察力，強烈的好奇心，和不斷汲取新知識的慾望。這點使我經常保持年輕、精力充沛且富有魅力的特徵，很多朋友喜歡和我交往，經常圍繞在我的周圍。我的優點是善解人意、樂於助人、寬容大度，能適應任何環境，並盡力保持獨立的個性。

　　——雙子座人的外表很熱誠，但心中卻很冷，深受理智控制，不容易動真感情，很少會經歷刻骨銘心的愛情。有雙重的性格，一個性格是個性乖戾的藝術家態度，另一個性格是樂觀明朗的社交家，這種雙重性格使其生活常常發生矛盾，耽於幻想，易滿足於沉思和白日夢，有時甚至悲觀厭世。

巨蟹宣言
（6月22日～7月22日）

　　大家好，我是溫柔可愛的巨蟹座，我有很好的領悟力和觀察力，喜歡靜靜地沉思，勤於分析自己的思想和衝動，想像力異常活躍，比較懷舊，喜歡默想過去發生的事，有敏銳的直覺，有一顆敏感親愛但是保守的心，不常直接表露真情。

　　我對外親和謙恭，頗有公眾意識，但是對內自我保護傾向很強烈，具有傳統及情緒化的特點。偶爾，我會為自己想要得到的東西而不惜一切代價去爭取。我比較保守，非常重視家庭，喜歡結交朋友，性格坦白，大方正直，忠於朋友和個人的信仰，能夠獲得四周的人信任。

　　——巨蟹座的人生性敏感，往往因別人的惡意批評非難而感到傷心。對過去的一切均懷念而且多愁善感，不會拋棄舊日的夥伴與昔日的友情。

獅子宣言
（7月23日～8月22日）

　　大家好，我是精力旺盛的獅子，我的個性就像獅子一樣，充滿仲夏般的熱情，自由獨立，是典型的行動派。

　　我個性衝動，熱情，誠實而忠心，理想很高，莊嚴又偉大，有幽默感，天性快樂，會吸引很多人，對人很有禮貌而體貼。但是我比較任性，衝動而且做事誇張，也有自私、自大、喜怒無常、虛榮、浪費等缺點，容易被自己的情緒左右，經常覺得孤獨。

　　其實我是喜歡以自己的魅力和才能開創出一片天地，很熱衷於權力地位。我處事時厭惡卑劣的小人行徑，總是採用光明磊落全力以赴的做法。大家說我有演戲的才華，對自己充滿自信，近乎自戀。

　　——獅子座的人性情高傲，充滿貴族氣質，心地純潔高尚，厭惡卑鄙的勾當。本性富於冒險精神，能夠面對任何追求理想時所遭遇的危險。但同時也要求別人的稱讚、非常自負，以為自己本身的一切是世界上最優秀的。

處女宣言
（8月23日～9月22日）

　　大家好，我是喜愛乾淨整潔的處女座，我天性喜歡純潔，有多愁善感，憂鬱的傾向。我的性格特點是富於靈感及活潑的直覺，能瞭解別人個性和動機，自我感覺比較謙虛，不喜歡和他人競爭，表面好似消極，其實我的作風十分堅定且腳踏實地。我很討厭不合理的事，神經也非常敏感，有吹毛求疵的傾向，但這並不是我在故意找麻煩，只是天性使然。

　　我喜歡沉思，很勤勉，非常熱愛看書，大家都稱讚我是智慧和學問的心智貯藏者。我的性情是善領會和容易感動，有一顆仁慈而悲憫的心，感情比較保守，專注於細節而易忽略整體，在受到攻擊時我會以強烈的姿態進行反擊。

　　——處女座的人作為名副其實的完美主義者，喜歡把事情做得一絲不苟，喜歡把家收拾得井井有條。儘管也喜歡結交新的朋友，但真心的朋友只有幾個而已。因為他們把友誼看做是人生中的無價之寶。

天秤宣言
（9月23日～10月23日）

　　大家好，我是人見人愛，花見花開的秤子。我很善於交際，喜歡融合於團體之中，對於善惡兩極的想法總是保持著很平衡的狀態。在我與人共處時，懂得在不同場合說話的分寸，能夠掌握現場的和諧氣氛。

　　我的個性穩健而理智，會永遠保持八面玲瓏、圓滑態度能遊刃有餘地處理好各方面的關係，但是很少表現出內心的真實想法。我喜歡講求邏輯和策略，不喜歡以暴力解決事情，我會以巧妙的手腕，在對等的權利和利害中找出平衡點。但我有優柔寡斷，猶疑不定的缺點。

　　——天秤座的人有強烈的求知欲，領悟力，想像力，和直覺力，也有平衡的心智和迷人的身材，天生喜歡表現，更喜歡受人欽佩和讚揚。他們珍惜和諧愉快的生活環境，平易近人，羅曼蒂克的理想主義，擅長交際，不喜爭執，有避重就輕的傾向。

天蠍宣言
（10月24日～11月21日）

　　大家好，我是愛恨分明的蠍子，我擁有非常複雜的個性，外表十分平靜淡泊，但擁有驚人的忍耐力和意志力，一旦鎖定了獵物目標，就絕對不會輕易放手，不達目的誓不甘休。

　　我的觀察力敏銳，經常能夠洞悉事情的真相，對事物也有獨到的見解。行事時，採用完全的破壞和創新方式，充滿神祕的色彩。。我的特點是彬彬有禮，慷慨，忠心，有憐憫之心，但一旦被激怒，我的憤怒程度是無人能比的，甚至會失去理智。而且報復心很強。

　　——天蠍座的人有神祕的傾向，有時有超強的「第六感」，能憑藉直覺感受到他人所不能感受到的事情。他們比較敏感，有強烈感情，有好的記憶力，有自我表白能力，有活躍非凡的靈感。天蠍座的人愛恨分明，會儘量保護自己的朋友和所愛的人，與人相處時有危險的嫉妒心理。

射手宣言
（11月22日～12月21日）

　　大家好，我是勇猛而有膽識的射手美眉。我樂觀、忠誠、正直，具有充沛的活力和積極向上的個性。我的自尊心很強，討厭一切不文雅的舉動，厭惡粗劣的東西。

　　大家都誇我心智反應很快，對任何事物都學得很快，能把靈活的想像力用於實際事物之上。我也比較理性，可以自主調節情緒，人們都喜歡向我傾訴自己的苦惱，以尋求幫助和安慰。

　　——射手座的個性既有平靜的一面，又有熱烈的一面。他們生來好奇，想認識所有的人和事，思維天馬行空，令人無法捉摸，也具有叛逆性，但會很快平靜下來，恢復常態。他們有很好的幽默感，但生氣的時候可能會變得很頑固。射手座的人喜歡透過旅行接近大自然，有高尚的理想和高度的夢想，有一部分人會有點工作狂的傾向。

摩羯宣言
（12月22日～1月19日）

　　大家好，我是善良而堅強的魔羯。我的性格特點是謹慎、務實、節儉，凡事小心翼翼，有高度的耐力，在嚴苛的現實環境下仍然能夠耐心等待，而且為了使計劃順利實現，可以熬過漫長艱辛的準備時期，絕不鬆懈，韌勁十足。

　　我穩健而忠誠，謹慎而敏感，對於權威非常敬重，對人生看得比較嚴肅，有一種強烈的責任感。我辦事光明正大，從不掩飾利己之心，有時會引起別人的反感。可能是由於潔癖或不願意妥協等原因，使我的人際關係並不太理想，經常會有孤獨的感覺。

　　——通常來說，摩羯座的人是討人喜歡的，表現出出眾而迷人的外貌，具有不俗的風度，不容易受刺激，有隨機應變的處事能力。此星座的人善良和感情豐富的一面往往會被羞澀所掩蓋，很會抑制自己，討厭做事隨便，會一步步踏踏實實地朝向目標邁進。其實他們本質上不夠自信，經常與機遇擦肩而過，也很容易被別人左右，改變自己的初衷。

水瓶宣言
（1月20日～2月18日）

　　大家好，我想死你們了，我是知性且頗有幽默感的瓶子。我的性格是溫文爾雅、體貼細膩，富於冒險的開拓和研究精神，喜愛所有新鮮的東西，能接受新的發現，具有銳利的觀察力、推測能力及建立理論的能力，但我的社交能力不強。

　　我的優點是性格均衡而健康，有天生的理性去瞭解人的本性，同時也擁有高度的容忍力。我的缺點是當受感情和偏見影響的時候，原本敏銳的判斷力會變得很差。

　　——水瓶座的人個性獨立而執著，有人道主義的精神，有豐富的同胞愛和民主意識，能夠打破社會階級和人種的差異，培育出真正的友情。感情上比較敏感，容易受到傷害，但很快就平息下來，不會耿耿於懷。他們喜歡聽恭維的話，誠摯懇切，心如止水，比較善變，擁有迷人的風度。

雙魚宣言
（2月19日～3月20日）

　　大家好，我是浪漫多情的雙魚，我擁有獨立而神祕的個性，敏感而仁愛，當別人需要幫助時，不僅會伸出援助之手，還會付出大量的愛心。我的記憶力很好，也有靈活而豐富的想像力，喜歡做白日夢，經常享受奇思妙想之境界。

　　我常常會觀看別人的臉色而改變自己的態度，本質上沒有自信。的確，我的個性脆弱，優柔寡斷，可能由於性格的關係，我經常會被捲入事端當中，很容易受別人的牽連。我的感情豐富，喜愛羅曼蒂克的氣氛，天性需要別人的注意和親愛，若得不到則會受到深深的傷害。在愛情方面我尤其敏感，耽於浪漫的幻想，顯得不切實際。

　　——雙魚座的人渴望遠離世俗的隱士般的生活，有豐富的藝術才華，沉溺於詩般的情節和夢想，認為真正意義上的幸福是身心合一的境界，因而在物質上不會有太大的成就。他們忠於朋友，有自我犧牲精

神，也因過於敏感而易於陷入悲觀失望的境地，有神
經質和憂鬱症的傾向。雙魚座的人是真正的理想主義
者，喜歡依賴和信任別人，性情整體上趨向於保守。

Part

3

A 型人性格奧妙剖析

A型人的性格大解密

A型人從整體來說，往往是這樣一群有著豐富知識、遠大理想，以及強烈使命感的人。他們既擁有著出眾的魅力，卻也不乏偶爾犯點小錯，具備謙遜、低調的品質，卻也時刻堅守著自己的性格。

1.**優點**──天資聰穎，認真穩健；具有服務意識，善於照顧他人；有禮貌，態度良好；不易受騙，能察言觀色；不會甜言蜜語，有公德心，行為得宜有節制。富有團隊精神，有責任感，工作認真；不喜歡出風頭；有知識，有理想；踏實慎重，小心翼翼；自尊心強；講理；善於做決斷；能分辨好壞；為人公正，具有犧牲精神；思考問題比較周到；做事乾脆，不拖拉；耐心進取，相當努力；有使命感，嚴於律己；執著，不辭辛勞；具有中庸精神；不會沉溺於自己的輝煌，不容易滿足現狀。

2.**缺點**──目光短淺，行事表面化；神經質，疑心重，不信任他人；多一事不如少一事的心態；事故，偽善；不善於創新，缺乏積極性和主動性。

3.**特性**——最討厭對方不懂得仔細觀察自己深沉的心意，更拒絕對方太過露骨的表現方式。過度地恭維，對Ｂ型人或許管用，對Ａ型人則是反效果，奉承逢迎只招得厭惡。特意製造的驚喜也可能變成震驚和憤怒，有善意的驚喜還是提前預告比較好。

與Ａ型人談話時切忌貿然下結論，也別說太多離經叛道的異說。表現十分謙遜的Ａ型人，仍希望你能牢記他的恩惠。別冤枉Ａ型者，這會讓他記恨許久。別批評他的家族，更別批評男性的Ａ型情人或以下犯上。

4.**欣賞的類型**——喜歡對象衣著樸素，做事認真且行動有力，頭腦靈敏，信心果決，較關心家庭與投資理財等。

5.**戀愛信號**——害羞而內向的Ａ型人即使對直覺上認為不錯的人也不會毫不客氣地邀約。一緊張就會面紅耳赤的Ａ型人主要是怕對方知道自己忐忑不安的心情。

6.**財務觀念**——一絲不苟的Ａ型，在理財方面也非常保守。大部分Ａ型人的存摺裡都會有一筆積蓄，他們對錢也比較沒有安全感，覺得錢放在銀行裡最好。即使利息節節下降，Ａ型人還是不太願意將錢拿去投資。因此，Ａ型人不見得都很有錢，但也不會有缺錢的時候，他們也不會讓自己大筆支出。

如果你有一位Ａ型的朋友，你可能會覺得此人很「鐵公雞」，對於錢似乎錙銖必較，其實不然，Ａ型人只是比較會考慮他們所花的錢是否得到一定的價值而已，假如是他們認為該花的，Ａ型人比別人都豪爽。

7.**服裝偏好**——對衣著的潮流很敏感，喜歡打扮，卻不華麗；愛好清潔；強調重點，色彩感受很好，挑選服裝時，以色彩為主。

A型＝憂鬱的藍色

在人們的常識中，藍色即意味著憂鬱。因為藍色是一種情感化很重的顏色，而喜歡藍色的人往往喜歡待在自己的世界裡，並且對別人一直存在戒備心理。這一點，和我們的A型人好像。

A型人的情感總是十分豐富。他們很容易被自己感受到的一些色彩、聲音、協調的美以及有節奏的生活所打動。他們生來傳統，容易戀舊，甚至時常獨自一個人就莫名其妙地憂傷了起來。習慣憂傷，便往往會對生活中的好些事情想不開、放不下，每每這時候他們就會把自己封閉起來。於是，會更憂傷。

A型人，做任何事情都習慣小心謹慎、瞻前顧後，並力爭做到完美無缺。正是因為他們對完美的刻意追求，往往會讓殘酷的現實打擊到。理想中的完美與現實的殘缺，會給他們的心理帶來落差的同時，也送來了憂鬱的心情。

　　A型人天生一副憐憫心腸，他們不僅在心理上同情弱者，在行動上也很是積極主動。儘管，他們也會時刻提醒著自己，不要總是對可憐的人提供施捨，那會助長他們的懶惰和依賴。他們善良，同時又滿腔的大局思維。

　　對於A型人來講，團體的利益、國家和民族的利益，以及追求一個天下美好的盛世，是他們重大的使命所在，他們會為此而孜孜不倦地奉獻。心繫那麼多的事情，總是給自己背負著強大的使命感，心情自然會被經常地打擾，憂鬱也就不請自來了。這時候，想灑脫生活也就不容易了。

　　A型人，感情豐富卻也變化多端。他們時常顧慮重重、優柔寡斷，並很容易地就鑽了牛角尖，因為他們太容易自我曲解了。他們經常會對自己缺乏自信心，往往覺得自己沒有別人做得出色。由於對自己的片面認識，他們總是對自己抱以自我掩飾的心態。他們太過在意外界對他們的評價，因此對自己所做的事情更加謹慎，甚至會謹慎的過頭，想太多反而壓抑更多。

　　另外，A型人在判斷事物的時候，往往一味跟著自己的感覺走，很少與別人商量或傾聽他人意見。所以，他們的看法往往就帶有了較多的主觀因素。但問題的關鍵是，並非所有的新事物都可以用常理去推斷的，這就促使A型人的敏感情緒產生「質」的轉變了。

　　A型的敏感、多疑、孤性、善良，註定了這些人的生活會多出一些藍色的味道。儘管A型與憂鬱的藍色之間可以畫上等號，但這並不能絕對說明A型的人要與憂鬱相伴終生。既然改

變不了血型的現實，那就儘量改變一下自己的生活習慣。

A型的人，平時多加強一些與人們的溝通；做事細心謹慎固然好，但不要太過敏感，要多想開一些；學著換位思維，當遇到令自己煩心的事情的時候，不要鑽牛角尖，而是要站在別人的角度，重新審視一下事情的經過；善良是種美德，把做善心的事情當成件快樂的事情去做，不要顧慮太多……

Ａ型人之性格解讀——女性篇

A型女性，善於順應自己周圍的人，尊敬長輩，說話做事謙遜有禮，為人立世循規蹈矩。她們多心思細密，具有深謀遠慮的優點。愛講道理，缺乏通融性，有時顯得固執、想不開。然而，她們往往最具責任感，經常成為能夠委託的女性。

喜歡寧靜，享受孤獨。她們偶爾多疑，卻更加多情。音樂、動畫、繪畫等往往是她們的感情寄託。在生活中還是比較注重節儉的人。在理財方面相當保守，她們希望自己擁有安全感，而存錢會讓這種安全感變得牢實。

A型妻子溫柔，體貼，能幹。她們大多心思細密、待人和藹，即使在與丈夫吵架時，也能擠出笑臉招待客人。

　　A型女性普遍缺乏野心，與世無爭。她們多是賢妻良母，且善烹飪，對丈夫和子女照顧盡心竭力，把整個家庭料理得井井有條。A型妻子要求絕對的忠誠，容不得自己丈夫有半點越軌行為。

　　整體來說，A型女性的主要類型有：溫柔體貼型，認真、負責型，固執、想不開型，嘮叨、愛講道理型，悲觀主義的順從型。她們雖然可以被分為多種類型，但是骨子裡都是善良、溫柔、感性、穩重的。正是因為大多數的A型女性嚴謹、細心、待人親和，故對異性充滿無限魅力。

Ａ型人之性格解讀——男性篇

　　A型男性受自信心影響很大。在自信心尚未喪失之前，通常會表現得相當積極；一旦自信心受損，頓時會變得消極起來，自卑感也會油然而生，此時，絕大部分A型的男性會變得更加內向。

　　A型男性非常講究，對穿著的品味非常在意，經常會刻意打扮自己，藉以引起他人的注意。做事非常謹慎，在感情上十分癡情。A型性格的人往往不善於表達自己的感情，即使在內

心很愛對方，但礙於自尊心，害怕被自己所愛的人拒絕，因此寧願忍受感情的折磨，也不願向對方吐露心聲。所以他們往往抓不住機會，總是錯過後才追悔莫及。

A型男人總是把戀愛和婚姻連在一起，在他們看來，戀愛的最終目的就是婚姻。他們通常會選擇那些心地善良、樂觀開朗、能理解自己、互相體諒的女性。

A型丈夫責任感最強，他們對自己的家庭非常重視，對於家庭的人際關係考慮得十分周全和細心。他們把家庭成員的幸福當做自己的幸福，盡忠盡責，為了家庭可以犧牲自己的一切。他們在家裡一般比較放鬆，會流露出真正的自我。

整體來說，A型男性的主要類型有：誠實的協調型，對人對己嚴格的默默努力型，自信很強的積極型，對世俗超然的學究型，自我逃避的內向型。A型的男人樂於與人合作，有較強的集體歸屬意識，他們溫文爾雅，並且有一副好脾氣，很受別人的歡迎，容易得到別人的信任。

 精於「算計」的A型人

A型人在生活中常常表現出下列行為：同意把一分錢再分成幾份花；認為銀行應當和你分利才算公平；夢想別人的錢變成你的；出門在外常想搭個不花錢的順路車；經常後悔買來的東西根本不值；常常覺得自己在生活中總是處在上當受騙的位置；因為給別人花了錢而變得悶悶不樂；買東西的時候，為了節省一塊錢而付出了極大的代價，甚至自己都認為，跑的冤枉路太長了。

A型人的「算計」在吃穿住行等方面體現得淋漓盡致。他們認真思索每個細節時，要把自己當做事件的中心參照物，主要是對自己有利還是有害，有多少利和有多少害，想清楚之後再進行操作。

但是生活實踐告訴我們，凡是對金錢利益太過於算計的人，都是活得相當辛苦的人，又總是感到不快的人。在這些方面，我們可以做出如下總結：

第一，一個太能算計的人，通常也是一個事事計較的人。無論他表面上多麼大方，他的內心深處都不會坦然。算計本身

首先已經使人失掉了平靜，掉在一事一物的糾纏裡。而一個經常失去平靜的人，一般都會引起較嚴重的焦慮症。一個常處在焦慮狀態中的人，不但談不上快樂，甚至是痛苦的。

第二，愛算計的人在生活中，很難得到平衡和滿足，反而會由於過多的算計引起對人對事的不滿和憤恨，常與別人鬧意見，分歧不斷，內心充滿了衝突。

第三，愛算計的人，心胸常被堵塞，每天只能生活在具體的事物中不能自拔，習慣看眼前而不顧長遠。更嚴重的是，世上千千萬萬事，愛算計者並不是只對某一件事情算計，而是對所有事都習慣於算計。太多的算計埋在心裡，如此積累便是憂患。憂患中的人怎麼會有好日子過？！

第四，太能算計的人，也是太想得到的人。而太想得到的人，很難輕鬆地生活。

第五，精於算計的人，必然是一個經常注重陰暗面的人。他總在發現問題，發現錯誤，處處擔心，事事設防，內心總是灰色的。

然而，從歷史中淘濾出來的生活道理說明，如果能夠「糊塗」一些、「傻」一些，人就會遠離很多煩惱，活得更加快樂，不會被生活的瑣碎吹皺臉上的皮膚。鄭板橋的一句名言「難得糊塗」洞明世事：聰明易做，糊塗難為，被世事糾纏不清的人難有大智慧、大作為。

生活永遠是沒有固定邏輯的，付出不一定會得到，失去的也無法再討回來。與其糾纏已經過去、無法挽回的，不如「自

欺欺人」，把目光轉向未來，轉向好的方面。

A型人如何看待「鬧情緒」

　　在現代的生活環境中，生活的壓力、工作的壓力總是如長江後浪推前浪般洶湧，壓力太大太多，總是會佔用自己很多放鬆的時間與空間，那麼有情緒不可避免。由此看來，瞭解一下A型人自己的情緒，以及A型人看待其他人的情緒，對於協調好與A型人之間的相處是很有必要的。

　　A型人之間多數時候意見是比較一致的，所以，當A型人爆發情緒的時候，同為A型的人是很能理解他的。若他們之間不能相互理解，多半是出於私人利益或是情感的原因。

　　B型人的情緒反應很輕快，在A型人看來，似乎總是不太顧及自己的情緒，所以，令A型人很難理解。

　　AB型人兼具A型人和B型人的特質，他們像A型人一樣，情緒釋放很慢，這一點，A型人是很能理解的。但AB型人也有像B型人的那一半，情緒變化快且輕巧，這是A型人所不能理解的。

　　O型人的情緒比較激烈。他們的情緒通常是來得快，去得

也快，除了這一點令Ａ型人比較費解外，對於Ｏ血型人的情緒，Ａ型的人還是比較好理解的。但是隨著社會經驗的積累，Ｏ型人會試著控制自己的情緒，不讓別人看清自己的內心。在Ａ型人看來，此時的Ｏ型人就顯得比較木訥、呆板。

　　不同血型的人是有差異的，他們都有各自的獨特之處。Ａ型人，不要太自我，要走出自己的世界，學會控制好自己的情緒，這樣才有可能去真正理解其他三種血型的人。

給A型人的建議

　　透過前面的分析，想必大家已經對Ａ型人的性格有了比較全面的認識。Ａ型人既有他們積極的、值得學習的顯性素質，也不乏擁有一些由隱性素質作怪的消極。那如何更好地揚長避短、趨利避害呢？

　　首先，社會是由人來組成的。也就是說，如果你要在社會上立足生存、甚至成功，那麼與他人之間架起橋樑，時刻敞開自己的胸懷，並且清楚地說出自己的需要和期待，那麼你將得到更多的理解、信任與支持。

　　其次，人有缺點與不足是正常的，不犯錯誤的聖人在世界

上是找不到的。那麼，Ａ型人是否更要懂得正視一下自己的不足，只有這樣才能看到自己友好、耐心的另一面，進而讓自己擁有安全感。

再次，你不能夠總是把自己封閉起來，你應該學會更好的表達，就像菲力浦親王所說的：「如果沒有人開始咳嗽，就不可能有人掃掉灰塵。」那麼，大膽地說出你的想法吧？只要你是正確的，就沒人會去恥笑你。

最後，作為Ａ型人，要學會自信，要相信自己。其實只要你願意，你完全可以成為一個大有作為的人。不要懼怕眼前的失敗，不要懷疑自己，只要有勇氣站起來，果敢的相信自己，你會是一個出色的強者。

那麼，接下來就勇敢地瞭解一下自己的弱點，學習一下相應的對策。

（1）Ａ型人不到萬不得已，往往不容易集中精力。因此，在日常生活中，要每天加以訓練，在周圍確定注意目標，努力使意識集中在某一點上，這樣還有助於自我控制感情。

（2）Ａ型人面對困難往往比較消極，他們不會採取積極姿態為自己開拓道路，稍一遭遇困難障礙就失去信心。為此，Ａ型人應不斷進行自我鼓勵，堅定自己必勝的信念，讓自己能經受住打擊，實現奮鬥目標。

（3）Ａ型人什麼事都愛往壞處想，常常畏縮不前、憂心忡忡，決斷力很弱。所以，Ａ型人應嘗試著多朝勝利的方向去想、去努力，從可以決斷的小事做起，試著果斷地下結論，便

能夠決斷下去了。

（4）A型人總是考慮得太多，往往延誤了行動，甚至會因此而缺乏行動的勇氣。建議A型人與其思前想後，不如盡全力先動起來。

（5）A型人在吸收知識、積蓄才能方面很出色，但在交際上語言有欠妥帖，由於很謹慎，所以一般表現消極。因此，A型人應儘量把真心話用富有感情的話語來表現，便可以促進積極的對話，同時緩解講話時的精神緊張程度。

（6）A型人的行動帶有抑制性，常會感到欲求不滿足、心情煩躁、精神疲勞。要想解除這種狀態，首先要行動，享受樂趣，活動身體，偶爾用休息日出去旅行，遠離人群。

Ａ型人輕鬆玩轉職場

根據對Ａ型人在職場中的表現來看，Ａ型人在研究者、技術人員等職業領域有著很強的適應性，因此，Ａ型人是很適合在「研究」、「技能」、「技術」等3個部門工作的。他們生來就有辦事細心、管理負責和工作踏實的天性，因此他們在處理事務、革新和應用方面也會卓有成就的。

適合A型人的工作類型

　　在日本，由於A型人占的比例遠遠要高於其他血型，於是在日本幾乎所有的事業領域裡都能夠發現精明能幹的A型人。調查發現，在其所從事的職務中，以國家公務員為頂點的公務員事務職員所占的比例最高。他們作為國家大組織的一員，往往背負著偉大的使命感，為了出色地完成分配給自己的任務，他們踏實誠懇、埋頭苦幹、默默奉獻，再加上強烈的現場會議意識以及富有的協調精神，他們在公務員事業中的成功也就理所當然了。

　　所以，根據A型人的特性，他們在科技、經濟規劃、作家、歌星、戲劇和短劇演員、摔角及長短跑運動、記者、科學家等職業領域，也會很有建樹的。

　　另外，值得注意的是，頭腦一流、創意十足的A型人，最不適合組織嚴格或官僚主義盛行的大型公司。他們天生喜好自由、富含豐富的創造力，而古板老套的工作環境只會嚴重扼殺他們的活力。

A型主管的管理風格

在工作中,對主管的性格略知一二絕對是必要的,這可減少不必要的摩擦,而且也使工作更有效率,甚至對你的晉升都會帶來不少說明,而A型主管的特性有哪些呢?

A型上司多愛「插嘴干預」

厭惡犯錯的完美主義者,唯恐影響到前途而特別謹慎,以「完美」為信條。因其負有維護現場的責任,小心謹慎的特性是理所當然;若是在上班時間閒聊,他會以嚴峻的眼光瞪著你,就連影印時嘴上哼著小曲、釘書機的運作聲不絕於耳等小動作,都會受到他的特別注意。

A型主管會因「執拗」而失敗

A型人的觀念是:要道歉,並不是點幾個頭便可以了。並會生氣地罵道:心不在焉。自己其實很重視那份誠心與關照員工,但是一經說出,卻又成了「你自己心裡明白」。他有時會想別過於心急地亂責罵人,但表達出來的是嘮嘮叨叨。

A型主管常因「沒搞頭」而掃興

工作態度與謹慎，通常是合為一體。當你認真工作時，由於想盡自己的心力，會去試試看是否有更好的提案，A型主管會先誇說「這真是個好構思」，然後本著一貫的慎重，卻不會給你一個答覆。

A型主管重視「禮數」

保守又注重形式的A型人，對於誠實與禮儀頗為重視。所謂禮儀，不光是指日常的寒暄，來家中探望或年節的禮貌性拜訪等，也都是重點。由於這價值觀在他心中已根深蒂固，因此他會率先作為表率。若偶爾發表了「廢除繁文縟節是合理的」等論調時，應該是他覺悟了事後還禮的麻煩。但逢年過節時，他又不知該不該登門拜訪，受屬下批評的影響很大。

A型人的職場表現

不同血型的人在職場中的表現不同。包括他們是否能與同

事友好相處，是否為工作過多擔憂，是否對工作盡職盡責，甚至影響他們是否能成為老闆等。

A型人希望一起合作實現目標，他們不像O型血人那樣宣傳個人英雄主義，崇尚007那樣的孤膽英雄；也不像B型血人那樣懶散緩慢，缺少嚴謹的工作態度，更不會像AB型血人那樣喜歡猜疑。

研究人員做過一個實驗。他們把實驗對象按A、B、AB、O血型分成四組，每組有三人。指定A型組的人去調查本市嬰兒用品市場，B血型組的人調查婦女用品市場，AB血型組的人調查老年人用品市場，O血型組的人調查男士用品市場。

比賽前，研究人員對他們說：「假設我們在招聘人才，我們錄取的人是用來開發市場的，所以，你們必須對市場有敏銳的觀察力。讓大家調查這些行業，是想看看大家對一個新行業的適應能力。每個小組的成員務必全力以赴！」隨後，又補充道：「為避免大家盲目開展調查，我已經叫助手準備了一份相關行業的資料，走的時候自己到助手那裡去取。」

兩天後，12個人都把自己的市場分析報告送到了研究人員那裡。他們看完後，站起身來，走向A型組的3個人，與之一一握手，並祝賀道：「恭喜三位，你們出色地完成了這次任務。」研究人員看見大家疑惑的表情，平靜地解釋道：「請大家打開我叫助手給你們的資料，互相看看。」原來，每個人得到的資料都不一樣，A型組的3個人得到的分別是本市嬰兒用品市場過去、現在和將來的分析，其他兩組的也類似。老總

說：「A型組的3個人很聰明，互相借用了對方的資料，補全了自己的分析報告。而其他三組的9個人卻分別行事，拋開隊友，自己做自己的。我出這樣一個題目，主要的目的是想看看大家的團隊合作意識。B、AB、O血型三組失敗的原因在於，他們沒有合作，忽視了隊友的存在。要知道，團隊合作精神才是現代企業成功的保障。所以，在這次試驗中，A型組做得最好。」

A型人的合作意識正是現代職場所欣賞的。現代企業在強調個人素質的同時，更多地強調團隊合作精神。一棵大樹永遠成不了森林，只有森林茂密，樹才能享受更好的生長條件。同樣，只有團隊獲得成功，個人才能獲得成功。

合作的技巧其實很簡單，就看你是否願意掌握它，如果你總覺得自己如何了不起，而不考慮別人的感受，是不會受到別人歡迎的，當然就不會有「人緣」。所以，基本的溝通與合作技巧是年輕人應該掌握的。如果你稍注意一些交流技巧的話，就可以為你營造一個好的合作氛圍。

一、用動作求得一致

你付出什麼，就收穫什麼。如果同合作者合作愉快的話，那麼你們之間就有某種默契，或者說有一種感應。要是人們相處得非常好，那麼他們彼此的動作、表情和神韻自然都很相似。如果你把自己和溝通良好的人的交談情形錄下來，再倒過來看看，你會發現這種交談很像是在表演，一人擺出了某種動

作，另一個自然就跟了上來。通常只有當你和別人相處融洽時，才會產生這種默契。經由這種體態語言的一致，你和你的交談對象完全進入了合作狀態。

二、做一個傾聽者

　　能夠聆聽他人是一種美德。年輕人應該有這種美德。人人都希望有一個傾訴對象，也希望別人瞭解自己。但是如果兩個人都希望傾訴和被瞭解，卻沒有一個人願意去傾聽的話，兩人要麼爭吵，要麼互相不願碰面。因此，如果你想被別人瞭解，就得先學會聽別人傾訴。只有願意瞭解別人的人，才能被別人瞭解。

怎樣任用A型下屬

　　在職場上，學會和A型下屬的相處訣竅，不僅會獲得下級的良好口碑，也能給自己的職場生涯帶來一份可觀的人際財富。

如果你是A型上級

A型人信仰團隊精神，在集體行動中，富於協作精神。他們不論處於什麼環境，都能夠適應、順從，他們一心一意嘗試改變自己，以便調和自己和環境的關係。A型人的集體主義並不是表面行為，而是出自內心的集體歸屬感。通常A型的人比較敏感、孤獨，有憂鬱的傾向，神經比較緊張。

同是A型的上司，應該很能充分理解下屬的感受。在日常工作中，要多多鼓勵和關照A型下屬，應儘量避免直接說出他們的缺點，避免對他們惡語相向，大聲指責，最好採取肯定和讚美的態度。這樣在A型下屬的心中，會充滿感激之情，也會產生效忠之心，從而更加努力地為上司效命。

A型人的缺點是依賴心比較強、自主能力比較差，作為上司應當適時給予其鼓勵，可以幫助他更好地發揮出自己的能力和才華。如此一來，A型上司會給A型下屬一種信任感，兩者之間的關係會越來越協調。

如果你是O型上級

O型上司總是認為A型的下屬不夠認真，不夠積極，不夠活躍，所以當下屬展現他的成果時，O型上司往往會以無法認可的態度對待，認為那是理所當然的事。長此以往，A型的下屬會漸漸產生挫敗感，感到上司對自己一點也不重視，更會產生不自信感，甚至會出現喪失工作意願的情形。

其實對於Ａ型下屬來說，他們無非希望被肯定，被委以重任。因而即使是微不足道的工作成果，Ｏ型上司做好也予以適當的評價，對其進行鼓勵。當他們的工作無法得到滿意時，要以婉轉的言詞指出存在問題，切忌一針見血，刻板生硬的態度，如此才能打動Ａ型下屬的心，使得他們在工作中加倍努力。Ａ型下屬的責任感通常很強，如果把任務交給他們，他們一定細心謹慎地完成好，同時也會提升其自信。

 ## 如果你是Ｂ型上級

Ｂ型上司感覺敏銳，心思靈活多變，行動力很強。在他領導下的團隊看起來比較火爆，做事情雷厲風行，幹勁十足。而Ａ型下屬默默無聞的工作態度會讓有著自我主義的上司很看不慣，當Ｂ型的上司表現出任何不滿時，Ａ型下屬將產生抗拒的心理，兩人之間甚至會陷入一種僵局。Ｂ型的上司，應該在感覺到Ａ型的下屬行為及言詞中有抗議的暗示時，靜心傾聽其表達心中的意見和不滿。

將工作交給Ａ型下屬去做時，不要保留小祕密，應該採取信任的態度，遇到任何麻煩時，也要讓下屬知道，並全權交給下屬解決，只有相信下屬，下屬才會赴湯蹈火在所不辭。此外，Ｂ型上司說話直來直去的特點也會在不經意間傷害到心思敏感的Ａ型下屬，因此要特別注意，盡可能避免爭執。

如果你是 AB 型上級

AB 型的上司在 A 型下屬的眼中是非常冷峻的，經常一味嚴厲要求下屬，心機深沉，給人一種不可言喻的壓迫感。如果 AB 型的上司，對 A 型下屬的工作成果沒有什麼反應，或者沒有及時地對其表示肯定，將使 A 型下屬十分失望。因為他們很看重領導的看法和意見，每做一件事，都害怕做得不好，也害怕遭人誤會，十分恐懼失敗，總是小心翼翼、患得患失。

AB 型上司要儘量避免責罵，令其自我反省，再給其一次機會就好了。鼓勵 A 型下屬發揮自己的才華，避免觸碰到他們所忌諱的，適當地對其進行物質或者精神鼓勵，適時地糾正他們的缺點，這才是 AB 型的上司靈活任用下屬的好方法。

透過以上分析可以看出，對待 A 型的下屬要多採取肯定和鼓勵的方式，尤其要避免打擊和指責，最終以溫和的態度引導其達到自己的標準。

A型＋O型：是上下級最搭配的血型組合

A 型人性格多穩重、辦事細緻謹慎，與 O 型人在職場上的表現呈現相輔相成態勢，O 型人喜歡直來直去，對人對事不拘小節、做事總是粗枝大葉。反過來，O 型的生氣勃勃及其執著專注與顧慮重重、行動過慎的 A 型，無論是在一起工作還是生活，他們也都能夠相互補偏救弊、共同前進，可以說是上下級最佳的搭配。

A型領導 VS O血型下屬

如果滿分是10分，A型領導與O血型下屬之間，默契指數高達9.5分。

他們之間的關係可以用融洽、愉快來形容。A型領導按部就班、沉穩內斂等行事方式，可以征服高傲、自負的O血型下屬，獲得他們的尊敬與支持。而O血型下屬在工作中表現出的積極進取、迎難而上等優點，深受A型領導賞識。

O型下屬多好學上進，時常會有很多問題，而A型的上司往往是非常有耐性的好老師，他們往往能夠給予詳細的解答，幫助O型下屬快速成長。而好勝心、學習能力強且勇於嘗試的O型下屬也不負所望，成長為令A型上司非常滿意的下屬。

O血型領導 VS A型下屬

如果滿分是10分，O血型領導與A型下屬之間，默契指數高達9分。

O血型上司多注重實際，他們非常喜歡A型下屬務實、吃苦耐勞的工作作風，因此，常常對A型下屬給予表揚。

A型下屬有固執的一面，當他們認為自己受到不公正待遇，就會向O血型領導提出想法。如果是私下裡，O血型領導會很認真地聽取意見，只要他們覺得是對的就會並加以改進。如果是公開場合，礙於面子，O血型領導不予理睬。

與A型同事「合作愉快」的祕訣

人脈是一個人終身受用的無形資產，是通往成功的門票，無論從事什麼職業，只要擁有良好的人際關係，就成功了一大半。如果你的同事是A型的人，也許你會發現和他們相處的時候四周的氛圍比較緊張、敏感。下面，我們就來具體介紹一下不同血型的人和A型同事交往的訣竅。

 如果你是A型人

A型人是典型的現實主義者，對紀律和規範既尊重又服從，不善與人相爭，頗能聽取他人的意見。外表看起來很平和，其實內心屏障重重，一旦受傷很難復原。

由於A型天生敏感多疑，而且很不善於表達內心的想法，所以當他們內心有懷疑的想法時，會不知不覺地彼此疏遠。這樣兩個A型的同事相處起來會很勞心。當發現A型同事工作上的存在的問題時，最好要婉轉而親切地提出，助其從挫折中走出來。同是A型的同事，相互之間會有種感同身受的默契，

在兩者的心理上沒有什麼芥蒂的時候，彼此親近是極自然的事，這時也應極力避免直接說出對方的缺點或者對其惡語相向。

職場中，最好不要讓A型同事產生失望的感覺，因為他們本質上是比較悲觀的，如果事與願違，往往顯得十分失望，或者一蹶不振，就此喪失了僅有的一點信心。

如果你是O型人

對O型人而言，A型同事是不可忽略的對象。因為A型的人喜歡和每個人取得協調關係，對每個人都是和顏悅色。在合作事宜或工作中，O型的人意見總是特別多，競爭能力也很強，這有利於積極帶動A型人的積極性。其實，A型的人雖不至於將O型同事當成競爭敵手，但也不易對O型的同事敞開心扉，表面上似乎想要和人親近，事實上並非這樣。雙方出現爭執時，O型的人在不理虧的情況下，通常不會主動讓步的。但O型人要足夠尊重A型同事的意見，給他們留有轉圜的餘地，讓A型人同時說出自己的看法。

一般情況下，雙方發生激烈的爭論的時候，只要O型的人堅持自己的主張，A型同事的態度一定會妥協退讓的，而且A型人不會因為曾經的爭辯而產生隔閡的心理，反而還會鼎力相助，與O型同事為著相同的目標共同努力。

如果你是 B 型人

同事之間，因年齡、經驗以及知識水準的差別，會有不同性格的表現。B型人自我感覺的許多優點，在A型人看起來，可能恰好是缺點。比如說，B型的人，十分重視感覺，完全跟著感覺做事，這往往令A型同事感到莫名其妙。有時候只顧我行我素，連做出讓A型人忌諱的事也渾然不覺。

B型的人與A型同事相處的時候，最關鍵的一點是，要為大局的利益考慮，保持「退一步海闊天空」的心態。B型血人和A型人成為同事以後，要有「吃虧就是佔便宜」的想法，凡事禮讓A型同事三分。表面上看似乎B型血人吃虧，實際上卻是為自己良好的人際關係打基礎，因為A型同事必定會默默回報的。此外，以自我為中心的B型血人，切忌拿自己的優點比較對方的缺點，因為那樣不但找任何不出有參考價值的差別，而且還可能令自己輸得很慘。

如果你是 AB 型人

在A型和AB型同事的合作組合中，AB型血的人顯得有些急躁，對利益的慾望特別強烈，不考慮自己在工作中應做多少比例的工作，反而向A型同事提出種種要求。其實A型人也有這種傾向，但和AB型血的同事相比，就是小巫見大巫了。表面上A型同事對AB型的此種要求，常是一笑置之，其實內心已產生警惕心理。

　　當AB型血的人和A型同事共同完成某項工作時，應該先詢問對方自己能做什麼，或者自己思考該怎麼做。畢竟人與人之間的合作關係，並不是只有一次就終結，和A型人合作完成一項工作之後，如果無法抓住他的心，甚而給他留下不良的印象，則不可能再有第二次合作機會產生。因此，AB型的人想得到A型同事的支持，必須先建立有付出才有回報的心理，否則做任何事都不會成功。

　　總之，在與A型同事的相處和交往中，要時刻顧忌他們的感受，以誠懇真摯的態度贏得他們的心。

A型人的離職觀

　　跳槽是一門學問，也是一種策略。「人往高處走」，這固然沒有錯。但是，看來輕巧的一句話，它卻包含了為什麼「走」、什麼是「高」、怎麼「走」、什麼時候「走」，以及「走」了以後怎麼辦等一系列問題。

　　容易在職場中出現跳槽誤區的人大都是A型的人，他們常以「跟自己的志向不合」作為離職理由，只是為了實現他們「我必須努力打拼，才能贏得好成績，也才不會讓別人看不

起」的成就觀。殊不知,他們的大多數在跳槽的時候,並不夠冷靜。

所以在跳槽時A型人應該用正確的心態,理智地採取對策。為避免越跳越糟,還要特別注意以下心理誤區。

一、攀比心理

擇業時總以別人的工作為「樣板」,如收入、住房、福利、出國機會、管理等級等,想方設法為自己找一個符合此標準的職業。這種片面強調單方面因素而忽視其他重要方面的求職心理,不利與你找到真正適合自己的工作。

二、衝動心理

由於一些突發事件,如未獲得期望的獎勵,與同事、上級發生爭執,被人誤解等,有些人會決意要離開現單位,而全然不顧所付出的代價。很顯然這種情況下是很難一下子找到合適工作的,而不得不屈就某處。即使以後有了更好機會而另謀他職時,也已浪費了不少時間

和精力。

三、盲從心理

有些人選擇工作並非根據自己的興趣及個人能力特點,跳槽時目標不明確,而是隨波逐流,哪個行業熱門就轉向哪個行

業，哪裡錢多就往哪裡跳，哪家公司名氣響就往哪裡闖，久而久之，就像候鳥一樣飛東飛西，永遠成不了雄鷹。

四、猶豫心理

抱有這種心理的人一方面對新工作很感興趣，另一方面又害怕放棄原來的工作會帶來損失，患得患失，反復權衡，最後白白錯失好機會，而又不能安心於現在的工作。

跳槽在個人的職業生涯中是一件大事，做得好它將是你成功道路上的階梯，反之可能是陷阱。所以，我們每一個人在選擇跳槽時要總結以往的得失，並規劃好未來的道路。

A型社交達人的實戰技巧

Ａ型人的看人學問

　　Ａ型人在和人交往中，總希望和別人經常都能保持一個風平浪靜的人際關係，因此，他們很注重自己在談話中的言行舉止，同時對別人的一舉一動也會盡收眼底。特別是對於初次見面的人，雖然他們他表面上禮數周到，甚至很會為對方服務，但他們的內心與他人之間有一道圍牆。

　　因此，對外人很有戒心的Ａ型人對對方的反應總是很敏感的，他們生怕自己會聽漏對方所說的話。儘管他們喜歡與見多識廣的人談天說地，不停點頭稱是，但內心總打著一個個問號。他們在聽別人講話的時候，雖然看似不會盯著人家看，常作低頭沉思狀，實際上他們總是在對方不察覺的時候，邊聽邊認真觀察著對方的表情以及對方的一舉一動，他們很懂得掌握說話的分寸，因此，和Ａ型人交談幾乎不會出現爭執的場面。

　　Ａ型人由於在與人交往中，善於察言觀色，因此他們的人緣是相當不錯的。他們從事外事活動、與人交談的時候，注重禮節；同時對周圍人的一言一行極為敏感。敏感的性格，促使著他們的眼睛總會像雷達一樣，「掃射」著他人的一舉一動，

由此他們會對對方的品行一覽無餘。只是，他們不喜歡對別人評頭論足，故對別人身上的不足雖然看在眼裡卻豪不動聲色，反而會默默記在心裡，避免自己的言語會揭露對方的短處。

既然，A型人在與人交際中如此重視、如此敏感，那麼要和他們和睦相處的話，只要真誠表現自己就好，因為A型人喜歡和真誠的人在一起。

A型人說話習慣與待人方式

 A型人的說話習慣

A型人說話習慣可謂是四種血型中最穩重、最親和、最條理的。他們在說話時總是很客氣，而且表達清晰、條理分明，同時他們還喜歡注視著對方的臉來說話，在他們看來這是一種對說話人的尊重。當他們聆聽對方講話時，又總會頻頻點頭，表示贊同。另外，有趣的是，他們在講電話或者作為回憶觀眾時，通常會不由自主的拿著筆在紙上亂寫亂畫。

A型人的待人方式

A型人在與他人相處的過程中,一直堅守他們的細心謹慎,極力給對方或周圍的人帶來愉快、輕鬆、周到的感覺,絕對不會傷害對方的感情。他們在交際中,懂得迎合、懂得克制自己,雖然有積極為人服務的一面,卻又不肯輕易相信他人。可見,A型在與人相處中穩重、謹慎又多疑,是一種雙重性格體現。

A型人與陌生人初次見面時,他們的和藹可親,周到服務,總會讓人覺得他們是容易相處的類型。但是,即使接下來你們繼續擁有了多次接觸,你就會意外地發現,他們的待人態度和第一次見面的時候一樣,謹慎、周到卻絕不會吐露自己的心聲。正因為A型人的內心封閉,他們更加期待能夠多與人交往以盼望能夠釋放自己的心聲,但是他們的這種願望還是很難外露,除非能夠在信任的基礎上成為了知己。雖然A型人不會有太多的朋友,但一旦結成莫逆,他們就會無微不至地關心對方,情真意切,傾訴衷腸。當然,強烈的自尊心是A型人的典型招牌。對於A型人來說,最大的侮辱就是被別人小看。

A型人有一個很大的優點就是誠實待人,說話算數。A型人一般不會輕易給別人承諾什麼,而一旦許諾就絕對會全力以赴。因此,A型人往往是值得信賴的最佳合作者。但是,A型人對待他人的態度存在著嚴重的區別對待傾向,他們對自己人真誠實在,對待外人往往禮貌中帶有猜疑。

A型人和其他血型的朋友關係

因為A型人只對於特定的人深交，所以朋友數量不多，所以，同為A型人，有可能會結成很深的友誼。與A型人交友，要切記不要給對方添麻煩。

B型人可以成為A型人的好朋友。B型人一般沒有城府，也願意熱心助人，他能幫你解決些問題，，比如出主意、開開心等，但從根本上來說，你們的關係時好時壞，很難再深入。

AB型人覺得A型人很了不得，很有深度，所以AB型人願意為A型人效力，而A型人也能領情。

在A型人眼裡，O型人大多腦子簡單，一覽無餘。O型人對A型人多十分感激，因為在交往之中，A型人多很樂意順手幫一把O型人。

從日常往來中識別A型人

能夠在日常的生活交往中，從一個人的外在表現判斷出他&她的血型，對於你的相處之道還是很有用的。那麼，下面教你如何從人群中認出A型人。

一、從最初印象判斷血型

初次見到A型人的時候，他們總是彬彬有禮、誠實可靠、整潔大方、小心謹慎、整體上給人以內向的感覺。

二、從著裝判斷血型

A型人善於把握流行趨勢，喜歡打扮，但不會隨心所欲。喜歡清潔，裝扮總能令人眼前一亮。他們對色彩的感覺也非常敏銳，選擇服裝時會重點考慮顏色。

三、從談話的特點判斷血型

A型人善於傾聽，願意採取退讓的姿態。在與人談話時，

會儘量避免傷害對方。絕不會說些無用的話。

四、從將結論轉為行動的態度判斷血型

A型人的做事風格是,在一件事情沒有結束之時,不會開始另外一件事。慎重地思考之後才會轉移到行動上,不會做出跳躍性的舉動。他們很重視場合氣氛。

五、從情緒化變動判斷血型

A型人是一種情緒化比較明顯的人。他們喜歡色彩,有音律感,有美感,甚至連有節奏的生活,都會讓他們感動不已。A型人待人親和,富有同情心。對生活充滿嚮往與激情,同時他們也是喜怒無常。另外,他們總是擁有著強烈的好奇心,對新事物、新朋友,會格外感興趣,當偶爾看到他們舉止反常誇張的時候,也不要奇怪才是。

如何與A型異性相處

不同血型的人體現出不同的性格特徵，俗話說「酒逢知己千杯少，話不投機半句多」，如果兩個性格相投的人走到一起，會產生相逢恨晚的感覺。各種血型的人和不善交際的A型異性相處會擦出怎樣的火花呢？

 A型與A型異性的相處之道——控制完美主義傾向

兩個A型人在一起的時候，瞭解對方的性格就像瞭解自己一樣，很容易發現對方身上自己喜歡的特質，交談中也非常投機，容易進行下去。但是A型的人屬於完美主義者，當兩個同型組合走到一起時，難免會引發爭論。

他們平日裡很注意掩藏個人的鋒芒，但在表達個人的感情時，又是最沒有妥協性、最固執的。A型的人往往會因考慮太多別人的想法，而使得自己也感覺不愉快。特別A型異性對A型的你的心靈動向十分敏感，倘若表現太過無理，A型異性心中會有上當受騙感。

明確地講出「是」或「不是」，A型異性朋友可能比較容

易接受。不答應對方自己做不到的事情，不亂發脾氣，是和Ａ型男友或Ａ型女友和睦相處的祕訣。對自己嚴格，對對方寬容，這是兩人相處時應該持有的態度。關鍵要控制完美主義傾向，不要抱怨太多，儘量保持平淡的心態。

Ｏ型與Ａ型異性的相處之道──不可提過分要求

　　Ａ型和Ｏ型可以說是最佳搭檔，在很多方面正好互補。比如說Ａ型的人辦事深思熟慮，Ｏ型血的人辦事雷厲風行；Ａ型的人細緻縝密，一絲不苟，而直性情的Ｏ型血人粗枝大葉，不拘小節；Ａ型的人在思想上容易鑽牛角尖，而Ｏ型血的人注重實際，講究效率。這兩種血型的人一旦結成伴侶，就會產生心靈和情感上的共鳴。

　　在Ｏ型男和Ａ型女之間，Ｏ型男性，並不太覺得Ａ型女性是異性，而完全以男孩子之間的相處方式與之交往，像朋友一般處於對等的地位。在Ｏ型女和Ａ型男之間，兩個人的相處方式不像是異性朋友，完全站在平等的地位。但是Ｏ型血的人仍應特別留意，不可過分要求對方，因為一旦超過Ａ型異性的能力負擔範圍，則其很可能會擺脫這份感情的枷鎖。

Ｂ型與Ａ型異性的相處之道──把他們當做弟弟和妹妹

　　對Ｂ型血的人來說，在與Ａ型的人交往的過程中，表面上看總是Ｂ型血人占強勢，因而需要以真心對待對方，不要自說自話，忽略對方的存在，而是應該學會傾聽，多尊重對方的

意見。

　　若想和不是一般朋友也不是戀人關係的異性朋友，維護親密友好而又比較長久的關係，則B型的人最好將A型的人，當兄弟姐妹對待，而且自己的角色，往往扮演的是其中年長的一位。

　　如果B型的男性和A型女性交往，可以把她當成妹妹一般疼愛，百般呵護，無微不至，相互依賴，兩人的關係一點都不會複雜化，而且感情和睦，無話不談。如果B型為女性，A型為男性，則無論雙方年齡如何，女性一定像個姐妹一般，悉心照顧A型男性，成為他的精神支柱；A型男性也會相當信賴並尊敬B型的女性，而且會逢人便誇獎B型女性的溫柔可親，這說明B型女性對A型男性的影響會很強烈。

AB型與A型異性的相處之道——相親相愛，同心協力

　　AB型血的人理智又穩重，富有博愛之心和寬廣的胸懷，對於感情細膩容易受傷的A型的人來說很有吸引力。A型人和AB型的異性朋友，在第一次見面的時候，就會對彼此留下十分美好的印象，隨著接觸的頻繁和加劇，感情將會很快升溫。

　　如果AB型的人是男性，A型的人是女性，則最好不要接觸太頻繁，應當保持一定的距離，這樣才能維持長久的關係。如果AB型的人是女性，A型的人是男性，則能無話不談，尤其會說出自己的心裡話，更能得到對方的幫助。但是當AB型的人對A型異性朋友太過好的時候，可能造成A型人的反感。

　　Ａ型男性，在 AB 型女性眼中，是相當有魅力的，兩者之間的感情，並不是單純的友情，很可能發展為相濡以沫的伴侶或者情人關係。總之 AB 型血的人要想與 Ａ型人維持長久的關係，需要盡情發揮自己的才華，與對方相親相愛，同心協力。

　　其實，只要深入瞭解 Ａ型異性的性格特點，就會自然在交往中收穫一份完滿的感情。

Part A ♥ 6

A型人養生大揭祕

A型人的健康問題

A型人，身體較靈巧，忍耐力較強，平時不常生病，一旦生起病來，很可能會病得很嚴重。

一、A型人很容易患高血壓，這與A型人群的特異性格有關

A型人常自尋煩惱，情緒波動大而造成血壓不經意間升高。精神因素是影響這一血型人群自身健康的主要因素，它們初步表現可能為憤怒、焦躁、恐懼。時間長了，有可能引起自主神經紊亂，血管收縮外周阻力增加、心搏出量增加、血壓升高。如果長期處於激烈緊張狀態，這種改變就固定下來，成為不可逆的病理現象。

二、A型人與腦血管疾病較有緣，尤其是腦梗塞，為各血型之首

這是因為A型對血液黏稠度升高有較大的易感染性，而血液黏稠度升高則是腦梗塞的重要發病因素。

三、A型人還較易患中風、癌症等多種致命性疾病

據臨床資料統計，1/3的癌症病人是A型。A型人常易患肉瘤、胃癌、舌癌、食道癌等。特別是胃癌，A型者明顯居多，因此A型人，如有上腹痛、飽脹不適、消瘦、食欲減退、嘔吐、便血等症狀，尤其是萎縮性胃炎者，應及早就醫診治。

對於A型的人群來說，愉悅的心情是治癒疾病的免費良方。你可以按照以下方法來緩解壓力。

（1）在日常生活中，多想想怎麼令自己精神舒暢，情緒穩定。凡事想得開點，自己的心情也會舒坦點。

（2）聽音樂是一種很好的調劑人情緒的方法。偶爾聽聽音樂，像輕音樂、鋼琴曲、藍調音樂等較舒緩的樂曲都是很好的情緒調味品，還能體現出一種生活的情調，不至於其單調乏味。

對於A型的人群來說，對於易患病症的飲食預防以及治療也相當重要。A型人可以根據自己的體質狀況，明確自己在飲食上所需要的注意。

四、易患胃病的A型人胃癌飲食應注意：

（1）多吃素食，少吃動物性食物或去除了纖維、礦物質、維生素的加工食品，如白糖、白米和白麵包等。

（2）多吃綠色蔬菜和豆製品，尤其是多吃一些新鮮、沒有烹煮過的水果和蔬菜，可以預防胃癌，提高身體的抵抗力。

（3）多吃蠶豆和蘑菇，其中所含的血凝素可預防結腸癌。

（4）每頓飯的食物種類不要太多，吃的食物太複雜會加重胃部和消化系統的負擔。

（5）高蛋白質食物不要和碳水化合物一起吃，如：肉類不宜和米飯、麵包一起吃；蔬菜可和豆類一起吃，水果最好單獨吃。

五、易患動脈硬化的Ａ型人飲食應注意：

（1）每天飲食所攝入的熱量與所消耗的能量盡可能地能保持平衡，多參加體育活動。

（2）儘量少吃或最好不要吃含脂肪比例比較高的肉類。

（3）吃飯要定時，兩頓飯之間不要吃零食，但可吃些蘋果、生胡蘿蔔或其他不提供脂肪含量的食品。

（4）不吃或少吃奶油、糖果或酸味飲料，少吃甜食。

（5）少喝咖啡、茶和含咖啡因的飲料，這些飲料會刺激大腦、心臟和循環系統，而且刺激胃酸分泌，使人感覺饑餓。

（6）平時最好喝天然果汁、脫脂牛奶和水。

六、易患心臟病的Ａ型人飲食應注意：

（1）儘量不喝湯，尤其是雞湯。否則容易增加血管壓力，導致病情加重。

（2）不能喝涼茶。因為涼茶在咽部可刺激迷走神經，導致心跳減慢，誘發心律失常，從而加重病情。

（3）多補充膳食纖維素，多吃竹筍、梅乾菜、芹菜、韭菜等蔬菜，多吃黃豆、燕麥等糧食作物。

（4）不宜吃含水量較多的水果，以免增加心臟負擔。而宜吃柿子、桃子、草莓、檸檬，因為這些水果都含有豐富的鉀，而鉀能防止體內鈉的積蓄，從而可以預防高血壓等疾病。另外，可以多喝蘋果汁。

A型人如何消除身心壓力

A型人由於他們本身的性格特性，他們面對的壓力往往也具有特點，然而無論在生活中還是在工作中，如何正確對待壓力並消除是一件至關重要的事情。

一、A型人面對壓力的表現

1. A型人做事缺少計劃性，分不清事情的輕重緩急，當情況變化時，他們常常手忙腳亂，心生憂慮。隨著壓力增加，情緒波動不定，出現忽喜忽怒的表現。

2. 當壓力超過A型人的承受範圍時，他們反而倍感輕鬆，

有種「既來之則安之」的頓悟。情緒較為平緩，凡事也能泰然處之了。A型的壓力極限點對個體的差異較其他血型更大些。

3. A型人的壓力如果得不到釋放，他們很可能會出現狂躁型憂鬱症。好在A型人雖然較容易積蓄壓力，但是他們大多沒有耐性，脾氣急躁，反而很容易在當時或稍後就把壓力釋放出去，鮮有自殺的念頭。

二、A型人消除壓力的方法

生活中，我們可能會產生程度不同的壓力。如果壓力長期積在心中，就會影響腦的功能或引起身心疾病，因而，我們要及時排解。很多時候，只要我們找到有效的途徑緩解壓力，心情就會感到舒暢。當A型人感到有壓力的時候，不妨試試。

1. **要建立自己的「支援網路」**。不論任何時候，家人和朋友都是幫你緩解壓力的最堅強的後盾和最牢靠的庇護傘。朋友們發自內心的關心和問候會讓你覺得在這個世界上，不管發生了什麼事，你都不孤獨。平時建立一個自己的「支援網路」很重要，當你面臨壓力的時候，你就不必獨自煩惱了。

2. **多運動**。如果你喜歡運動，可以在壓力巨大時拼命跑步，使勁打球，或者打沙袋——把給你施加壓力的事物想像成沙袋。

3. **聽音樂**。感到壓力時，可以聽聽讓人愉快的音樂，音樂會把你帶入另一個時空，然後，你會發現讓你不快的事情可能已經沒有那麼嚴重了。你也可以到歌廳裡去吼幾嗓子，不管你

有多大的壓力，它都會隨著你的歌聲沖上雲霄。

4.**瘋狂書寫**。把不滿情緒盡情地寫出來，想怎麼說就怎麼說，怎麼解氣怎麼罵，可是寫完後，要一把火燒掉。你會發現你的氣也化做雲煙了。

5.**哭泣也是一種釋放壓力的方式**。當過度痛苦和悲傷時，放聲痛哭比強忍眼淚要好。

6.**不要拿自己的錯誤來處罰別人**。有些人當自己受到冤枉或不公正待遇後，也冤枉別人或不公正地對待別人。事實上，當你傷害別人時，自己會再次受到傷害。

7.**不要拿自己的錯誤來懲罰自己**。何謂好人？如果交給他10件事，他能做對7、8件，他就是好人。顯然，這句話潛藏著另外一層含義，就是好人也會做錯事，好人也會犯錯誤。所以，做錯了事不要緊，犯了錯誤也不要緊，只要認真地找出原因，認真地吸取教訓，改了就好。

8.**多吃一些抗壓食物**。研究發現，含較多B族維生素的食物可以使人精神亢奮，如糙米、燕麥、全麥、瘦豬肉、牛奶、蔬菜等。含硒較多的食物可以增強抗壓能力，如大蒜、洋蔥、海鮮類、全穀類食物等。

9.**每天補充一粒維生素C**。維生素C能夠有效消除壓力，現代人絕不可忽視這個減壓的好方法。

三、A型人情緒宣洩要合理

情緒應該宣洩，但宣洩應該合理。當有怒氣的時候，一不

要把怒氣壓在心裡，生悶氣；二不要把怒氣發洩在別人身上，遷怒於人，找替罪羊；三不要把怒氣發洩在自己身上，如自己打自己耳光、自己咒罵自己，甚至選擇自殺的方法當做自我懲罰；四不要大叫、大鬧、摔東西，以很強烈的方式把怒氣發洩出去。上述做法不但於事無補，反而會使問題進一步惡化，給自己帶來更大的傷害。

A型人的睡眠品質是多少

大家都知道「健康來自於良好的睡眠」，低品質的睡眠會帶來一系列的肌體損害，比如說健忘、記憶力下降、免疫能力降低、內分泌失調等等，更有甚者，還會引發神經系統的疾病。因此，讓我們振臂疾呼「我要睡眠」吧，正常的高品質睡眠不但不是什麼可恥的事情，而且對人百利而無一害。

A型人經常睡不踏實，稱得上是「睡眠極淺」型的，這類人是值夜班的最佳人選。因為稍微有一點風吹草動，他們馬上就會醒過來，只有在連續熬夜，體力實在不支的時刻才能倒頭呼呼大睡。

據研究發現，人經歷了18個小時連續不睡後，相當於血

液血精濃度為0.05％，這說明睡眠不足的危害和酒精的毒性不相上下。對愛美的女生來說，睡眠差將會是肌膚美容的「天敵」，如果不想讓自己「中毒」的話，還是應該主動採取措施改善自己睡眠品質的。

怎樣讓睡眠品質提高？A型人要想擁有高品質的睡眠，不妨試一下以下幾點小建議：

（1）聽聽有著催眠功能的輕音樂。研究顯示，一些節奏舒緩，旋律平和的鋼琴曲的催眠效果很明顯。邊聽音樂邊設想自己身在一座寧靜的小木屋中，屋外是遼闊的星空，耳邊拂過泉水叮咚的聲音，這種身臨其境的「大自然療法」會讓人很快入睡。

（2）多吃有利睡眠的食物。麵包、甜點、牛奶等含碳水化合物的食物不僅能夠促進睡眠，還會延長睡眠的時間。但需注意不要喝太多飲料，否則會只顧去廁所，最後反而越來越清醒，睡意全消。

醫生建議睡前飲一杯熱牛奶，可以增加人體胰島素的分泌，增加氨酸進入腦細胞，促使人腦分泌睡眠的血清素；同時牛奶中含有微量嗎啡樣式物質，具有鎮定安神作用，從而促使人體安穩入睡。

（3）身心鬆弛，有益睡眠。人越是緊張，越是強行入睡，結果越是適得其反，保持平常而自然的心態很重要。在睡覺之前到戶外散散步，上床前用熱水泡腳或洗個熱水澡，對順利入眠很有好處。

（4）保持正確的睡姿。睡眠姿勢因人而異，以舒適為宜。科學研究顯示睡眠以側臥為佳，清代養生家曹慈山在《睡訣》中指出：「左側臥屈左足，屈左臂，以手上承頭，伸右足，以右手置於右股間。右側臥位反是。」這種睡眠姿勢有利於全身放鬆，睡得踏實安穩。

　　A型人經常是躺在床上的時候，腦子裡的思維異常活躍，許多事情在腦海裡徘徊不去，一個接一個。即使好不容易睡著了也是時睡時醒、多夢，長期下來搞得自己精疲力竭，工作時頭昏腦漲、無法專心，長期下來不但容易頭痛，也容易造成腦神經衰弱，甚至在外觀上可能呈現未老先衰的現象。對於敏感的A型女性來說，失眠是造成黑眼圈與皮膚晦暗、粗糙、皺紋等老化現象的「罪魁禍首」，治療失眠刻不容緩。

A型人不同年齡時期的
保健要點

 A型人的兒童健康

　　健康也是一項投資，需要從小培養起。由於A型人腎上腺激素過高，並且腎上腺非常敏感，極易受到刺激，因此A型的兒童健康，應該做到以下幾點：

　　1. 從兒時起，就不要讓孩子看太多的電視，避免包含有暴力、恐怖、危險或戰爭的節目或電影。

　　2. 從小讓他熟悉一些舒緩的運動，例如深呼吸和伸展運動等，並盡可能早地讓他做這些運動。

　　3. 由於嘈雜、混亂是A型的人產生壓力的大壓力源，因此應盡量避免孩子處在嘈雜的人群中。

　　4. 要讓孩子保持健康、美麗的身體，應建議孩子少食多餐，如可以每天吃六頓，而不是每天吃很飽的三頓。

　　5. 嚴格執行作息時間，保持人體生物鐘的正常節奏，避免引起腎上腺皮質素的不平衡。

6. A型人具有壓抑自己情感的傾向，其情感不易被人察覺，所以要特別注意你的孩子的情緒變化。

 A型人的少年健康

少年是人生成長的重要時刻，對A型的人來說，尤其重要。因此，父母應該對A型少年做到以下幾點：

1.少年開始對社會產生好奇，容易喜歡上一些暴力的、易衝動的人物藝術形象，然而因為A型的人腎上腺激素極易被刺激，所以應避免孩子看有暴力內容的電影和電視節目。相反應該讓孩子多看一些喜劇，笑聲可以減輕壓力。

2.A型人不適合做需要耐力和競爭性強的運動，因此在鼓勵孩子運動時，避免做這些運動。

3.A型人更容易感到沮喪和氣餒，尤其是成長時期的少年，因此，父母要及時與孩子談心，要讓孩子學會處理問題和對待挫折的態度和方法。

 A型人的中年健康

中年階段是健康的相對穩定的階段，對於對A型人來說，雖然這個階段的你會很健康，但不要太過大意，否則你的老年健康將會為此買單。

1.這個時期的你，面對眾多的生活與工作的壓力，莫不可慌亂，要冷靜面對，處理事情也不要感情用事。注意情緒的調控。

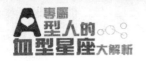

2. 不僅要注重心靈的洗澡，還要多多參加一些體育運動，增強機體活力，生活要更加規律才是。

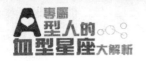 A型人的老年健康

A型人更應該注意老年的生活。老年人生理機能開始衰弱，對於A型的老年人來說，胃酸大量的降低是他們健康的最大障礙。通常A型人進入老年後，胃酸還會降低大約1/5左右，這使本來胃酸就少的A型人的消化系統更加脆弱。因此，A型的老年人更應該注意自己的飲食計劃。

1. 要特別注意堅持A型的飲食計劃，以保持胃酸的含量，促進食物的消化吸收。

2. A型的老年人具有睡眠不好，甚至失眠的傾向，所以要保持生理節奏的正常運轉，還可以在醫生的指導下補充維生素B12或其他的營養成分。

3. 由於飲食中缺少乳製品，這會影響A型人的鈣元素的吸收，所以A型的老年人及少年兒童要特別注意鈣的補充。

4. 60歲以後，A型人的嗅覺就開始下降，這會影響你的食欲和消化系統的功能，導致食物攝入量不夠，從而影響身體健康。如果你的嗅覺下降的話，可以在醫生的指導下補充一些微量元素。

5. A型的老年人要特別注意不要生氣，因為激動、生氣都會使得他們本來已經很高的腎上腺皮質素更高。如果經常這樣就可能會引發骨質疏鬆症，甚至導致老年癡呆症的發生。

A型女生美容養顏攻略

　　A型女性大多比較清瘦，不易發胖，且A型的中年女性臉上的皺紋比其他血型的同齡女性要少。儘管她們有得天獨厚的條件，但在平時她們還是應注意以下事項，這樣才能夠讓自己的美麗以及魅力擁有更長的延期。

　　1. A型女人比較挑食，這不好，要儘量加以改變。人體需要多種營養物質，如果缺少某一營養素，人體就會出現不良症狀，例如疲憊、貧血等。

　　2. A型女性喜歡熬夜，越在夜深人靜時，她們的大腦越興奮。但熬夜是美容的大敵。如果你想成為漂亮的女人，最好調整作息時間，早睡早起，久而久之，你便發現自己黑眼圈不見了，皮膚紅潤有光澤。

　　3. 隨著年齡的增長，膚質會有變化。要想始終保持光艷照人的肌膚，可以根據自己的年齡和膚質選擇合適的化妝品，相信你的皮膚會越來越好！

A型人肥胖原因及營養瘦身策略

　　你是不是經常會很詫異，為什麼有的人怎麼吃都不會胖，而有的人喝白開水也會胖起來？為什麼有些人為了減肥，小心謹慎地少吃，甚至不吃，結果體重照樣增加？其實，這與人的血型有關。

　　美國著名的「自然療法」專家彼德‧達達姆醫生曾提出「人的血型決定他們身體所需要的食物類型」。換句話說就是，人的血型決定了身體如何利用不同的食物。

　　A型人的祖先是最先從事農耕的。相較於O型血的人，A型人消化器官要弱得多。因此，A型人在飲食上應遵循下列原則，否則，容易導致肥胖。

　　（1）植物性蛋白質如大豆蛋白質，是A型人最佳的健康食品，常吃可預防心血管疾病和癌症。所以，A型人更適宜以素食為主，在日常食譜中應加強對大豆、穀物、雞蛋等的攝取。

　　（2）A型人務必每天喝一杯木瓜汁，它能分解各式肉類

中的脂肪及有害物質。

（3）A型人應儘量少吃肉類食物，即使嗜肉，也應慎食牛肉、羊肉等肉類，最好以鮮魚（鱸魚、鯉魚為佳）和雞肉代之，否則將會有肥胖之憂。

（4）A型人應對進食奶油及各種乳酪、霜淇淋、全脂牛奶等以純乳為原料製作的食品有所限制。

下面是介紹A型人減肥方法，僅供參考。

（1）橄欖油、大豆、綠葉蔬菜、鳳梨，是有瘦身追求的A型人的上選。

（2）肉類、乳製品、菜豆、小麥等食品，是瘦身的絆腳石，A型人要遠離這些。

（3）A型人適合做瑜伽，它不僅能安神定緒，減輕精神壓力，而且還有助於瘦身。

（4）減肥期間，保持心情愉快很重要。A型人適合一季或半年的長程減肥計劃，例如健美操、游泳、跑步等運動，再配合低脂飲食，身材窈窕將不會是夢。

A型人家庭生活小提示

A型人的愛情態度

　　整體來說，A型人的愛是在溫柔的基礎上，又兼具明顯的雙重性。每當A型人收到別人愛意的表白的時候，他們從來不會直截了當的做出反應，更不會一下子滿心歡喜的接受。哪怕向他（她）表達愛意的人是她們自己所中意的。A型人生性謹慎，對待愛情問題更是如此，因為他們難以承受愛情欺騙的赤裸裸，他們是自尊心很強的一種人。

　　在選擇對象的問題上，A型人不會太在乎對方的外貌如何，也不會像O型人那樣對對方的聰明才智有太多的挑剔。他們通常喜歡誠實、單純、直率的性格的戀人，他們不希望自己的愛情會讓他們太費神，他們尋求雙方在精神上的安慰與共鳴。所以，你會發現在現實生活中的A型人不論男女，似乎都樂意選擇傻乎乎的人當另一半。

　　其實這一擇偶現象並不是因為他們偏愛那些傻乎乎的人，而是他們相信這樣的人可以給他們帶來感情上的安全感。他們寧願選擇日後能夠平衡、和諧過日子的人，也不願意選擇那些要頭腦靈活、反應敏感的人作為自己的愛人。

　　然而，與他們的擇偶理念相矛盾的是，只要遇到了能夠理解自己的人，無論他們怎麼機靈，他們還是會立即傾心。由此，Ａ型人愛情的雙重性完全顯露出來。

　　實際上Ａ型人這種愛情的矛盾性源於他們的完美主義思想，他們常為別人對自己的偏見和不正確評價而苦惱。那麼當Ａ型人遇上了那個能夠理解自己的人的時候，除了相見恨晚之外，也就只有感恩了。

　　Ａ型人由於看重理解，因此在相處中，他們總會展現自己溫柔、體貼的一面。而對對方的溫柔體貼的要求也正是當今社會的戀愛傾向。不僅Ａ型人擅長溫柔，他們同樣希望自己的另一半也是溫柔、體貼型，因為和這樣具有秉性的人生活在一起，才會既可保有自尊心，也能產生對對方的依賴，達到自尊與安全感的並存。

癡情Ａ型人

　　Ａ型人不會輕易談愛，但是一旦遇到真愛，他們的愛情火焰會濃烈至極。「非他不嫁，非她不娶」，往往就是Ａ型人的真實戀愛寫照。

　　當Ａ型人墜入愛河的時候，他們大腦的智商明顯的驟降。在他們的眼睛中，對方的一句貼心話、一個小小的動作都是那樣美妙，他們已經看不到對方的缺點，會欣然地接受戀人的一切。

　　Ａ型人之所以出現這樣盲目的愛情觀念，或許與他們的那

顆乞求理解之心以及盲目崇拜心息息相關。A型人由於注重對任何事情追求盡善盡美，而常常得不到他人的理解，當突然出現一個人愛戀自己並表示可以理解時，A型人在感動之餘，更會選擇為了這份愛奮不顧身的付出著。

再者，A型人好奇心重，當發現異性具有自己所沒有的東西的時候，便會立即產生崇拜心，這或許也是由於盡善盡美的願望不能如願以償所致。

 偶爾佯裝正經

A型人表面總是一副很正經的樣子，其實他們最喜歡追求異性。在性方面，A型人雖然明明對性很感興趣，卻又偏於克制，彷彿也具有了雙重性。偶爾有一部分的A型人還會被稱為「沉默寡言的好色者」，因為他們太容易酒後亂性。

A型人對鍾情於自己的對象，從來都會嚴肅考慮性的問題，他們宣導對性負責，對彼此的負責。但是，對於A型人來說，與對方的婚前性關係往往會成為愛情的升溫良藥。

讓A型女厭惡的男生

　　A型女生往往多是善解人意型的，做事認真負責型的，偶爾嘮叨卻又是很講道理型的。那麼，這樣的女生對男生來說往往又具有著不可抗拒的「殺傷力」。所以男孩子要注意了，看看這些A型女生們到底討厭啥樣的男生。

　　從A型女生的性格來判斷，她們最不願意和下面幾種男生在一起：

　　1.**太過空虛的男生**。A型女生一般天生擁有著嬌好的氣質，往往會在眾多人群中也能吸引男生的注意。她們善於思考，也樂於將思考融於現實的實際生活中。因此，這些A型女生超級討厭那些誇誇其談的男生。在她們眼睛裡，誇誇其談、淨講些不著邊際的大話的男生，太過於浮躁與膚淺。即使她們會對一般的男性朋友表示著難得的理解與寬容，但她們萬萬不會允許這樣的男生做自己的男朋友。

　　在A型女生的眼睛裡，內涵是很重要的。誇誇其談的男生往往得不到A型女生的信任。

　　2.**心裡想一套，嘴上說一套的男生**。A型女生不僅討厭誇

誇其談的男生，她們對於表裡不一的男生更是恨得牙癢癢。A型人的自我保護意識本來就很強，特別是A型的女生。所以，男生在追求自己喜歡的A型女生的時候，切記不可隨便承諾。承諾可以，但是有承諾必須要兌現的，否則可會氣壞A型女生的神經。

為了不讓A型女生厭惡，那就學會和她們一樣的誠心實意吧。

3. **一味強調自我，缺乏團體融合性的男生。** 即使這樣的男生有什麼特別優秀的地方，已經深深吸引到了A型女生，但是只要讓她發覺你有著很自我的個性，那麼再優秀的你也不會再打動A型女生。對於那些團結意識高漲的A型女生，最看不起的就是那些沒有大局、遠離組織的男生。因為太過自我的人，會讓A型女生有著與生俱來的反感。

為了不讓A型女生對你太失望，那就與團體走在一起吧。何況走進團體，對自己、對組織來說，都是件好事。

4. **花天酒地，喜歡浪費的男生。** A型女生天生一副節儉生活的心性。她們在日常生活中，喜歡追求並擁有安全感。於是，她們喜愛攢錢，喜歡一分一分的保守式存錢，並討厭毫無金錢觀的男生。那麼，只有這樣，到老年的時候才會更有保障。

如果你生來就是愛糟踐錢、愛浪費的男生，那麼你還是不要惹我們那些可愛的A型女生了，省的讓她們煩心你的不定性。

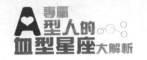

5. 行為舉止粗俗，愛鑽牛角尖的男生。 A型女生在平常的生活中，總是親和待人，在與朋友們相處的時候也總是足夠細心。在她們的世界裡，她們刻意追求著完美不允許瑕疵的存在。

如果你是個動不動就髒話連篇、舉止不雅、又愛鑽牛角尖的男生，那麼A型女生是絕對不願意跟你整天待在一起的。因為在她們的意識裡，你早就配不上她的氣質了。喜歡A型女生的你，要時刻注意自己的言行舉止。

為什麼愛家的A型男會出軌

A型男人較沉默寡言，他們常常把話藏在心裡不說，默默地承受壓力。一旦到了他們覺得無法忍耐的地步，就會全面發洩。所以，如果A型男人出軌，多是想暫時緩解生活的壓力或企圖得到在家庭內尚未得到的東西。

小張畢業後考到某機構工作。他所在機關的現實使他看到，乖巧精靈者吃香，老實憨厚者吃虧，吹吹拍拍者升官，正派的無人問津。他雖然有所進取，可是他剛直的秉性和積極做人的良知，約束他不去迎合那些腐朽的觀念，而要做一個不卑不亢、埋頭苦幹的老實人。正因為如此，他吃了苦頭。跟他一

起來的和後來的人，有的加薪，有的被提拔為科長。因為他有自己做人的宗旨，這一切，他並不往心裡去。可是，妻子無法理解他，說他：「人家都被提拔、加薪了，就剩下你一個人，你難道不覺得自己很窩囊嗎？」

有一天，收音機裡播送著優美的音樂，他情不自禁地隨著唱起來。妻子這時又對他說：「連個科長都當不上，還有心情哼歌！」一句話，破壞了他的悠閒情緒。

這樣的事，在他們夫妻之間經常發生，妻子刺激的話，小張經常聽，他感到他與她之間的愛是苦澀的。事業不順、家庭不和，小張開始流連網路世界，並與網友見面，還發生了一夜情。

A型男人大多具有家庭毀滅的顧慮，因此，即使出軌，行為也多為詭祕，儘量不讓人發覺。但是，如果A型男人的出軌是出於強烈的擺脫現狀願望，屬於一種較為深思熟慮的行動時，其在不軌的同時就可能已有不惜家庭破裂的思想準備。

案例中，小張與妻子間的問題源自於妻子對他的不理解。妻子對小張的理想、追求、品行、情操以及為人，都是那麼生疏，可說是缺乏共同的語言。

夫妻間應該是互相瞭解的，是知音。只有你瞭解了對方，才能對其體貼、關懷，並輔佐其上進。如果小張的妻子能瞭解丈夫的品行，理解丈夫的追求，她就不會羨慕什麼科長，而會鼓勵丈夫做一個有生活情趣的人。

理解是夫妻間的黏合劑，夫妻相處要是連起碼的理解與體諒都沒有，這種婚姻會是很痛苦和寂寞的。當然，我們這裡所

說的理解，不單是指瞭解愛人的一般情況，而是指對愛人內心世界的感知。因為，人的行動是受思想支配的。你瞭解了愛人的思想，才能理解其行動。只有夫妻間互相理解，才能換來彼此更加深沉的愛。

所以，女人應該在日常生活中給 A 型男人以理解、關懷，使家庭生活充滿溫馨。當丈夫感到家的溫暖和妻子濃濃的愛意時，便會努力做個好丈夫，家裡家外照顧周到，絕不會有出軌行為。

Ａ型＋Ａ型夫妻：
我們從來不想分開

　　大家現在都已經很清楚，當Ａ型人遇到自己喜歡的對象時，他們都喜歡隱藏自己的情感。可是大家有沒有想過，當一個Ａ型男愛上一個Ａ型女，並且最終生活在一起的時候，又會出現怎樣的狀況？他們既然經歷了漫長的考驗、躊躇，接下來是否會幸福？

　　在「Ａ型和Ａ型」的夫妻檔中，他們相互吸引，源自他們能夠相互瞭解並互相理解。他們同樣擁有敏感的神經，同樣懂得服務於家庭、忠誠於伴侶，同樣的溫柔、體貼，即便是兩個人的性愛也充滿了柔情。他們會在對彼此的崇拜中度過一段和諧、平靜的生活。然後呢？這種寧靜是否會持續到永遠？

　　其實，在接下來的相處中，夫妻雙方會面臨的考驗更多。因為他們的相似，他們走在了一起，然而因為他們的相似，要讓他們一直在人生的道路上同樣是件艱難的事情。生活中，夫妻雙方會強烈地感受到：他們彼此都會對對方產生不可避免的失望和怒氣，儘管兩個人都在默默地忍受，殊不知，長時間的

忍受只會讓你們這段曾經美好的愛情走向結束。你們應該懂得
多些溝通，可惜你們兩個都是不折不扣的「掩飾者」。那麼既
然不能夠在沉默中爆發，你們也只能夠在沉默中滅亡了。

　　另外，這對「Ａ型和Ａ型」的夫妻之間往往他們存在著許
多深刻的對話。他們本應該要借機盡可能地傾訴一切，並由此
減少摩擦的。可是，他們還是會動不動就談到那些可能引起爭
吵和掃興的話題，因為他們的「好記性」，總是難以忘記對方
的過錯。

　　Ａ型雖然外表柔和，其實內心固執的很，一旦夫妻之間有
了爭執，誰也不肯做出讓步，喜歡用冷戰的方式來解決，最終
會在彼此心中留下深刻的陰影。況且，他們雙方都希望能夠很
好地彼此適應，期待多得到些伴侶的讚賞。遺憾的是，他們兩
個都是那麼的不善於表達與誇讚別人。

　　這時候的婚姻，已經逝去了原有的精采和活力。健康的婚
姻不怕吵鬧，最怕的是雙方已經失去了共通的話語。當愛情不
在的時候，即使「Ａ型和Ａ型」夫妻曾經有多不想分開過，但
是你們在一起已經沒有太大的意義了。

A型人的理財與消費

 ## A型人理財：撿起芝麻丟了西瓜

A型人通常比較短視，不能夠從大局出發。因此從財運上來看，他們很容易有些小財，但往往會漏掉大筆的財富。

A型人長於分析，卻從不看重時間，為了做成一件事，他們寧可花費很多時間和氣力，也不願意多花點錢去做一件事。因此，在花錢上，他們一定會仔細考慮所花的每一分錢是否值當。當然，他們也不是「鐵公雞」，只要是他們認為該花的，反倒比其他人都豪爽。

A型人在理財方面非常保守，對待金錢總是小心翼翼，一絲不苟，他們絕不容許自己的支出大於收入。所以，A型人不見得很有錢，但也不會荷包空空。他們大多不喜歡張揚，所以，你也別想聽他們哭窮。

大部分A型人的存摺裡都會有一筆積蓄，這是他們平時辛辛苦苦存下來的。他們知道金錢得來不易，所以，他們不太願意將錢拿去投資，寧願放在銀行裡，即使利息節節下降。鑑於

A型人對於小數目的金錢比較得心應手,建議其可選擇零存整取的定存,或謹慎選擇一家信譽好的公司來投資定期定額股票和基金。

🌑 A型人消費:看似節儉,實則為衝動型消費者

誰都會有衝動消費的時候,但是對於A型人來說,就屬於經常會克制不住自己的慾望衝動消費,他們很容易迷失在物質的誘惑之中,使得原有的計劃被打破,原來的預算總是趕不上現實的開支。他們時常會感到錢不夠花。

在上街之前,A型女性通常會事先想好要買什麼東西,並估算開支,可是一上街,這個喜歡,那個捨不得,結果是所有的計劃和預算全都被拋到了一邊,最後買得個缽滿盆滿的,因超資在所難免。

儘管A型女性喜歡買東西,但是她們也不是胡亂一氣地去買,她們通常會選擇品質較好的物品,價格倒在其次,首要條件是她們喜歡,且認為合用,才會買下來。

A型男性在花錢方面似乎更誇張,在一天之內把零用錢或薪水花光,對這類人來說,實在是太平常了。他們的計劃實在是滿足不了膨脹的欲求。

Part

8

A型人之黃道十二宮

A型×白羊座

 性格分析

　　雖然單純的白羊座屬於行動派，但是配上A型的白羊，會馬上變乖好多。A型的白羊座做事情頗具計劃性與率性。他兼具A型人的恆溫感和白羊的熱情衝動，在做事認真保守的外表下，總有一顆火熱勇敢的心一直跳動著。

　　A型白羊座，最大程度的借鑑了白羊的純潔與A型的倔強。因此，你會發現A型白羊座的人們往往看起來比實際年齡年輕好多。同時，他們骨子裡充滿堅韌，無論經歷多少磨難，他們絕不會向困難低下高貴的頭。

　　A型白羊座，也從未捨棄過自己的公正主義觀念，他們仍舊堅守自己的英雄主義，總愛打抱不平。別看他們偶爾會激進一些，但是A型白羊座人從來不會咄咄逼人，他們的溫和謙讓低調，讓自己更加具有了雙重性格的魅力。

A型白羊要提防A型與白羊座弱點的結合，要打破思想的藩籬，接受他人的意見，樂觀進取。

白羊運勢

A型白羊，一生的整體運勢還算 ok。他們一直勇於追求豐富多彩、富有激情的人生。由於A型白羊，擁有著一顆穩健的寬容之心，在積極對待磨難的同時，也開懷的吸納了好些幸運。

A型白羊，只要能夠樂觀的接受煩悶，開朗的去融入大眾，那麼快樂就會永遠伴隨身邊。而且，心情好了也會給白羊帶來很不錯的愛情運。但要注意了，真正適合你的另一半是頗具內涵的異性，要謹慎選擇。另外，勇敢地表達自己的口才，加強公眾認可，事業運才會不斷提升。

積極樂觀的生活，會讓自己好運連連。

職場命運

A型白羊座本年度的工作運需要更加努力一點。儘管A型白羊座對自己的工作一直很用心，總是喜歡給自己制定工作目標。但是，A型白羊座要注意了，無論自己是如何的才華洋

溢，制定合理的前進目標才是最重要的。所以，放棄制定那些太優先於規定進度的目標，這樣的工作態度才會讓上司滿意。

　　A型白羊座，由於是木星和天王星的入宮，所以經常會被一時外在的現象沖昏頭，以致造成對自己的期許過高。因此，A型白羊座需要認識到這一點，要正確的看清前進的道路方向，進而促進工作、事業的節節高。A型白羊座最有利於將來事業的轉化時間是二十歲左右。

好運小提示

> 制定適合自己的工作目標，不要好高騖遠，是A型白羊事業進步的關鍵。

● 贏在職場

　　無論白羊的職場運勢如何，A型白羊都要學會懂得「順勢」而為。不管運勢好還是不好，只要找到轉運點，那麼成功依舊在。

　　對於才華橫溢的A型白羊們來說，性格與事業的成功與否有著重要關聯。雖然A型白羊天生具有強烈的目標意識，總是充滿了活力與幹勁，但是只要遇到了一些始料未及的挫折，便往往會顯得焦躁不安、失去冷靜，甚至會自暴自棄，這將嚴重威脅職場的命運。

　　那麼，A型白羊應盡力克服這一性格缺陷，遇事要沉著冷靜，讓自己深呼吸一下。這樣的話，加上優異的才能、勇於挑

戰的幹勁，職場就是為 A 型白羊的精采而設置的舞台了。

工作中，追求穩妥，戒躁戒躁，凡事冷靜分析，切忌性格的衝動。

社交技巧

　　A型白羊座憑藉著自己的穩重、仗義，往往擁有著很不錯的人緣。再加上本身優異的才能，A型白羊座又往往在朋友中處於領導者的角色。但A型白羊座需謹記，切不可執著於自己的魯莽與專斷，否則會失去很多朋友的理解和支持。當遇到不順心的事情的時候，無論對自己還是對待自己的同伴，要多一分體諒，少一分慌張與責備。

　　A型白羊座的人們還常存在一個誤解，那就是與和自己性格不合的人對立。須知，朋友多了路好走，讓自己心胸寬大些，結識多種性格的朋友。況且，在職場中的進步，除了依靠實力外，也離不開朋友們的幫扶。

A型白羊應常告誡自己，心大些，朋友多些，讓社交圈子寬些，人生之路才更好走些。

財富密碼

　　A型白羊座一直擁有著很不錯的財運。在儲蓄方面，A型白羊們喜歡用積少成多的方式來增加自己的儲蓄。只是由於A型白羊座既擁有白羊的果敢，又兼具A型的穩重，這兩種性格特點未免不會相互較量。

　　於是，當A型的特徵勝過一籌的時候，A型白羊們會本著安全第一的原則，踏實的一點一滴的累積著自己的財富。反之，如果白羊座的特徵占了上風，那A型白羊們可就怎麼想就怎麼做了。他們一直夢想著自己的財富會一下子暴漲，那麼接下來就會將資金果斷的投資市場，期待獲利。其實，無論哪種性格類型占了主導地位，A型白羊座們總能夠賺取可觀的財富，當然前提是A型白羊們已經全心貫注於自己的事業。

　　但是，A型白羊也要注意自己的缺點，就是一旦自己的工作或生活不順己意，便會好不心疼的揮霍金錢。另外，即使運氣很旺的時候，也難免因不懂明哲保身而惹禍上身。所以A型白羊在面對巨型借款的時候，一定要謹慎為之。

好運小提示

A型白羊座在理財方面，應注意維持A型性格與白羊座特徵的平衡，只有平衡才能穩定財運。

 戀愛攻略

　　A型白羊要想在戀愛中佔有優勢地位，那麼就儘量讓白羊的熱情洋溢成為愛情方面的主導性格。A型白羊們的愛情往往來自一見鍾情，如果摒棄掉A型的壓抑，愛情便會如魚得水般的自在。

　　當然，A型白羊很明白自己的雙重性格。A型喜歡沉悶，白羊卻崇尚熱情。由此，A型白羊們的愛情總會在澎湃的壓抑中備受煎熬。任憑戀愛的感覺在心中猛漲，卻又極力壓制，彷彿表白自己的愛情心聲是種莫大恥辱似的。

　　因此，A型白羊們，何不想開一點呢？何必讓自己活在矛盾的煉獄中呢？勇敢地告訴自己的心上人有多愛他（她），愛情將會因此而豁然開朗。

　　另外，雖然A型白羊的愛情總是轟轟烈烈，卻難以持久。那麼嘗試著一點一滴的釋放自己的感情，讓愛情能夠擁有細水長流般的溫馨。

　　好運小提示

　　對待愛情應該學會品味，只有慢慢品味，才能體會到愛情的韻味。

 婚姻家庭

　　A型白羊座通常以現實的眼光來審視婚姻，喜歡自由式戀

愛的感覺，在步入婚姻殿堂之前，往往已經有過多次戀愛的經歷。A型白羊十分渴望擁有一個穩固牢靠的婚姻，同時對婚姻中的羅曼蒂克甚是欣賞。A型白羊在戀愛時候，總會轟轟烈烈、熱情洋溢，但是一旦談到婚姻，他們的冷靜卻超乎尋常。

A型白羊往往認為戀愛是個人的，但結婚卻是屬於社會的，即自己的婚姻與社會的安定會息息相關。由是，A型白羊對婚姻的態度更加慎重。A型白羊在擇偶的時候，通常要經過嚴密篩選。但是，如此謹慎的態度，反而會讓A型白羊錯失許多良緣，進而導致A型白羊座的晚婚趨勢。

婚後的A型白羊，在家庭生活上絕不屬於樸實而安靜的類型。A型白羊總喜歡朋友的光顧，認為這樣才夠熱鬧。這時候的A型白羊女，會轉變成標準的賢妻良母，而A型白羊男性每每會有大男子主義作風，頗為獨裁專制。同時，A型白羊都願意外出工作，展現自己的能力與價值。

好運小提示

緣分來了就要把握住，切不可因為自己挑剔的脾性，錯失好姻緣。

最佳速配

►白羊座＋射手座＝絕配

白羊與射手在個性上都具有很熱情大膽的特性，所以說他

們的組合非常好，相同特性的性格在發展起戀情來，也是既熱情又浪漫。除了他們在感情上會很順利外，兩人的在想法上也很類似，所以彼此之間的相處會非常順利和自在，是個非常讓人羨慕的情侶。

他們之間的配對是無可挑剔的絕配，尤其是白羊們開朗機敏的反應讓射手們非常驚艷和佩服，所以說，大部分時候這兩個星座不但是最好的戰友，也是能互相欣賞的情人拍檔，他們對待感情都很熱情，除此以外，彼此之間的瞭解和信任建立的很容易也很自然，不但會讓感情加溫，還能因此成為對方得利的幫手。

射手很是喜歡白羊們的率真，所以白羊們盡情地做自己就可以，不必想太多，至於射手天生喜歡自由的個性，白羊們就值得注意了，要不你就陪著他們浪跡天涯，要不就不要太在意，只要給他足夠的自由，和他在一起的時候讓他覺得輕鬆自在，讓他什麼話都可以無所顧忌地告訴你，這就已經算是成功了一半了。

與白羊不錯的星座搭配還有：

►白羊座＋獅子座

獅子座喜愛自由，精力充沛，一旦開始做某事即能全神貫注，擁有很強的執行能力。對於生性開朗，情緒卻起伏不定的白羊座來說，獅子座的行動力恰好是最能彌補他們的不足的。而且，兩個星座都喜歡追求物質上的滿足，一起買名牌、吃好

東西，環遊世界，一起參與娛樂性活動，默契十足，再加上他們有很多知心朋友，生活不會乏味。同時，他們勇敢、直接、樂觀、堅強，這些原因都促成了他們能夠很好地交流和溝通。

►白羊座＋雙子座

雙子座精力充沛，富有理性，且凡事有自己的觀點，再加上興趣廣泛，因此做起事情來非常穩重。生性猜疑多變的白羊座與雙子座結合，可以彌補其莫名奇妙的不安定感。

 ## 健康驛站

A型白羊座由於性格存在的兩難，因此常會出現積勞成疾的現象，所以A型白羊要注重平時的放鬆與休息。

白羊座是十二星座之首，根據白羊座對營養的特殊需求，要多給A型白羊補充維生素H。所以A型白羊們平時要多吃牛奶、蛋黃、動物腎臟、水果、糙米等富含維生素H的食品，預防自身的用腦過度。

再有，A型白羊要多保持開朗的心境，平時多做一些深呼吸的運動，讓自己能夠時刻保持著冷靜的清醒，保有健康的身心。

白羊座健康減肥祕笈：

減肥迫切性：★★☆☆☆
關鍵部位：腰部、腿部
原因分析：白羊座精力充沛、天生體質健壯，加上比較熱

情,辦事衝動,行動力十足,喜歡到處跑來跑去,所以腿部會比較粗壯,尤其是小腿,可能是全身最難減下來的部位。而白羊座的人比較貪吃零食,很喜歡在閒談、看電視的時候拿零食往嘴裡塞,久而久之,不胖才怪。

另外,白羊座的人,對減肥沒什麼熱情,即使開始減肥,也會很快就放棄,所以專心減肥、持久減肥,對白羊座都很難以實現。如果白羊座實在肥胖得厲害,可以採用一些手術的方法來瘦身,如果情況不那麼嚴重,就只有在平時多注意一些小祕訣了。

A型╳金牛座

 性格分析

A型金牛座,是A型與其他星座組合中最具從容與淡定的組合。A型的金牛,最最強調保險,即使走了好多彎路,只要安全其他的什麼都不會計較。這種類型的人們的生活節奏就彷彿是控制慢跑的烏龜,無論有什麼十萬火急的事情,總會不急不慢、不慍不火。由於A型金牛的性情緩慢,一些急性子的人不願和A型金牛打交道,然而,也虧了A型金牛的慢性,促

使A型金牛成功的機率會更高，因為A型金牛們做事幾乎不會犯錯。

A型金牛，喜歡誠懇，唾棄故弄玄虛，有著正直的為人原則。A型金牛講義氣，重禮義，做事講求責任。同時A型金牛們無不擁有著堅忍不拔的意志力及耐力。但是，穩重的A型金牛座們卻也有著自己的偏執，缺乏變通，不擅長隨機應變，決定的事情很難被別人改變，這就難免給生活帶來太多的煩惱。

好運小提示

歷史經驗證明，太過頑固的東西遲早是站不住腳的，那麼放下自己的偏執，學會變通，才會招來好運好心情。

 ### 金牛運勢

和A型金牛的性情一樣，A型金牛座的運勢趨向為大才晚成型。憑藉著A型金牛天生持久的忍耐力，以及做事兢兢業業的誠懇與謹慎，再加上埋下的穩固根基，好運總會到來身邊。A型金牛一生的命運曲線不會有太大的起伏。在20歲到35歲以前，運氣較壞。而其中的因素，多半是對自己所選擇的路線，產生懷疑和不安所致，可能會牽涉到職業及人際關係。但是，35歲之後，運氣會比之前好得多。

憨實的A型金牛並不擅長與異性的交流，為此他們的愛情桃花不會太早開放。但是，只要遇到互相欣賞的人，能夠走在

一起的話，Ａ型金牛絕對會對這份感情從一而終。他們會竭盡全力的滿足戀人的要求，盡心盡力為戀人付出，讓戀人時刻生活在感動之中。

Ａ型金牛，只要結婚了就會專心致力於工作和其他的事物，同時婚後的他們將會更加努力、更加拼命地為家庭付出著。他們的金錢也會因為他們的節儉而越存越多。

好運小提示

一如既往的堅持自己的追求，成功已經離你越來越近。

 職場命運

做事穩健、認真的Ａ型金牛座，在選擇職業時，會首先考慮這份工作的穩定性以及長久性，他們不喜歡經常跳槽，讓工作的性質變來變去。對於一些高度忙碌的工作，緩慢的Ａ型金牛們也往往避而遠之。

由於Ａ型金牛座的人們欠缺開拓精神，不善於表達口才，因此不適合外交或業務方面的工作。但是Ａ型金牛們往往對數字和金錢獨具天才的敏感性。

所以，如果Ａ型金牛能夠在會計、人事、總務等實務性工作上或者在金融界中嶄露頭角的話，將會獲得很大的成功。

此外，Ａ型金牛超凡的嗅覺、味覺以及美感，適合擔任廚師、雕刻家、畫家、設計師等藝術性的工作。

好運小提示

> 學會表達自己，學會與大眾融合，加強工作上的人
> 際關係，職場上的你會更出色。

贏在職場

A型金牛在工作中勤勤懇懇、務實求真，可以認真的完成每一項工作任務。但是，殊不知，生在職場，除了盡心工作外，還應盡力經營好自己的人際關係。所以，要想贏在職場，請務必擴大自己的交友圈，對於集體的活動熱心參與，積極地心態將會是打通人際命脈的法寶。

A型金牛，雖然保有穩健、踏實的做事風格，卻在有時候的表現太過死板，甚至偶爾會擔心結局的糟糕，導致自己畏縮不敢向前。那麼，此時此刻的A型金牛們，應該果斷捨棄膽怯，勇敢地向前，這樣才會得到自己想要的成功。

缺乏變通，不懂隨機應變也是阻礙A型金牛前進的絆腳石，要想在職場贏得成功，就要讓自己不要像牛一樣悶著了，要學學猴子的機靈。

好運小提示

> 正確認識自己的心性，打敗自己心性中的弱點，迎
> 合職場，必能成功。

社交技巧

　　天生具備誠實而柔和性格的Ａ型金牛，一直注重給別人留下良好的印象。即使他們身邊通常不會有太多的朋友，但是一旦友情達成，將會變得牢不可破。

　　只是，Ａ型金牛偶爾太過頑強與任性了，於是和朋友之間常會產生一些不必要的糾葛。所以，堅韌的Ａ型金牛們，要學會緩和自己的情緒，調整一下自己與人交際的彈性，和朋友之間儘量不要因為衝動而爭吵。

　　Ａ型金牛，在自己的成長歷程中，將會結識更多的朋友。雖然Ａ型金牛對朋友表現得很講義氣，但是卻有一個明顯的缺點妨礙了朋友關係，那就是只管自己進步，卻不肯幫助朋友共同進步的習性。

　　Ａ型金牛，雖然表面看來很懂得交友之道，但實際上卻是欠缺包容性和具有很強佔有欲的頑固者，所以當被朋友發現這點自我偏執後，多半選擇遠觀而不會與之近玩。

好運小提示

改進一下自己的交際能力，學著對朋友多些包容，對自己少些佔有。

財富密碼

　　Ａ型金牛座，天生對金錢非常敏感。由於平日生活簡樸，

122

加上工作勤懇，年輕的時候就已經懂得一點一點地存錢，長久以來，到了年老的時候，A型金牛的銀行卡裡已經擁有了一筆為數不少的資金。

A型金牛的財運很穩定，源自於要求安全感的金牛總喜歡把錢儲蓄在銀行，而不是去做風險投資。同時，除了守財致富之外，A型金牛在已經準備了足夠的金錢外，可以適當的投資一下不動產，畢竟A型金牛們還是蠻有從事土地買賣的財運。

在理財方面，A型金牛很懂得節儉，不願意浪費。在精神方面,A型金牛卻表現得異常大度.例如，A型金牛可以不惜重金去買一本自己喜歡的書，或者去聽一場足夠水準的音樂會，而這只是為了滿足自己的精神需求。

節儉會讓自己更加富有。

戀愛攻略

　　與Ａ型白羊座截然不同的是，Ａ型金牛座的人並不相信一見鍾情。他們的愛情觀念非常專一，不會無原則的和異性交往，也不會隨便、輕易地愛上別人。儘管Ａ型金牛們擁有著比較廣泛的交友圈子，但大部分是同性的朋友，由此，Ａ型金牛們的戀愛機會會減少很多。Ａ型金牛不會隨便愛上別人，並不意味著就不會被愛情所困惑。其實，Ａ型金牛常為情所苦，極易患上嚴重的相思之病。

　　Ａ型金牛，對愛情非常執著。只要Ａ型金牛的另一半不變心，Ａ型金牛將會終其一生廝守著他（她）。固然，愛情的忠貞值得肯定，但是想要得到真正的愛情，必須學會主動才行。因此，Ａ型金牛切記不要太含蓄，也不要太過不好意思，愛情是需要溝通與表達的。

好運小提示

要想自己的愛情運更加美好的話，請學會主動表白，積極追求。

婚姻家庭

　　既然Ａ型金牛座，對愛情如此專一，那麼對於婚姻他們同樣熱愛，對於家庭他們同樣忠貞。Ａ型金牛座，相對於戀愛來說，更適合結婚。畢竟戀愛對你們來說，沒有婚姻來的有安全

感。對於崇尚穩定的Ａ型金牛座，建立一個幸福美滿的家庭是最大的期望。

　　婚後的Ａ型金牛座，絕對會精心打理自己的家庭。在對家庭的經營中，一直持有認真、誠懇、負責的態度。為了實現家庭的和諧與穩定，Ａ型金牛會很有條理地做家務，也總會對家裡的事情做一些未雨綢繆的安排。通常，Ａ型金牛座的家庭大多是在平穩與幸福中度過的，特別是在晚年，富足的準備會讓Ａ型金牛更加體會到家庭的溫暖。

好運小提示

忠實於家庭，給另一半充分的空間，幸福會萬年長。

 最佳速配

►金牛座＋處女座＝絕配

　　金牛與處女是絕配，這是有目共睹的事實。金牛非常迷戀處女座的溫柔氣質，內斂個性加上睿智一流的分析能力，對金牛來說，處女座就是他們心中夢中情人的縮影，而對於處女座而言，金牛座的踏實和含蓄也能帶給同樣也很含蓄的處女座們一種穩定感，所以當金牛遇見處女，簡直會天雷勾動地火。

　　兩人若是想更好的經營彼此之間的感情，金牛們一定要多在處女身邊陪伴，看似複雜的處女座其實是相當純情且依賴情人的，雖然兩人在交往中，處女座會比金牛座要瞭解對方，不

過這並不妨礙金牛座在平日多給他們關心照顧和信心。如果能更多地瞭解處女座們的想法，那對他們的情緒會更瞭若指掌，兩人合拍指數會更高。

與金牛不錯的星座搭配還有：

►金牛座＋摩羯座

摩羯座喜好詩或哲學，學者氣質比較濃厚。他們誠實、穩紮穩打、性格質樸，喜歡順其自然的生活方式，不喜歡過於功利的人際往來。但會有幾個志同道合的親密好友。他們會對自己的專業擁有持久的熱情。這與沉穩、謹慎的金牛座相當合得來。

由於性格使然，起初，你們會有一段互相摸索的時間，當大家認定對方時，就會開始一起為將來的共同生活而實務計劃，有了信心和安全感就會先組織家庭，還會很快生兒育女。感情不是驚天動地、高潮起伏，而是細水長流，可以組成一個小康之家。

 健康驛站

金牛座是十二星座中最穩重的星座，他們需要結實的骨骼和富有彈性的肌肉，因此需要多補充維生素D。建議A型金牛座除了多吃富含維生素D的食物外，還要躲在戶外曬曬太陽。

A型金牛座的人容易患有咽喉、甲狀腺方面的疾病，平時注意多預防。雖然A型金牛座的人做事非常認真、謹慎，但卻

總數疏忽自己的身體保健。不要一味的工作了，偶爾停下來多參加些有益身心的運動吧。

金牛座健康減肥祕笈：

減肥迫切性：★★★★☆

關鍵部位：全身上下

原因分析：金牛座是十二星座中最容易得天生肥胖症的星座，即使金牛座中少有的瘦子，也大多是因為生活狀態比較糟糕導致的，這樣也容易得上別的疾病。

如果生活條件比較優越，尤其是長期從事運動量低的工作，金牛座不胖很難。不過，金牛座的胖是那種很壯實的胖，很少出現一身贅肉的情況。即便如此，金牛座的人也應該比別的星座的人更注意控制體重，如果家裡有人燒得一手好菜的話，對金牛座來說可不是件什麼好事。

A型×雙子座

 性格分析

A型雙子座，不僅喜歡自在隨意的生活，卻也鍾情於平靜、安定的的生活。A型雙子座一般天生就具有極好的適應力，無論雙子的性格有多矛盾，卻總能對付的得心應手。但是，在別人看來，A型雙子座的性格是顯現的那麼的不可捉摸，本來嚴肅對待的事情卻忽而失去了原則性。

A型雙子座，總是對自己充滿信心，精力充沛的去踐行一件事。做事情的時候又從不盲目服從，時刻懷有大局觀念。A型雙子座的好奇心非常強烈，居十二星座之冠。喜歡對任何事情做深一步的研究。

A型雙子座雖擁有不錯的理解力，卻缺乏耐心，做事情不懂得持之以恆。儘管善於交際，但大多都只是泛泛之交而已，熟的快，忘記的也快。A型雙子座對家庭的表現也一向冷淡，既不會對妻子愛得死去活來，也不會對家庭負有太大責任。A型雙子座總是在害怕孤獨與提防他人中矛盾的生活。

好運小提示

切忌在生活工作中，太過暴露自己的鋒芒。

雙子運勢

　　A型雙子座無論在行動力，還是對事物的理解能力，都表現得十分機敏。他們無論做什麼事情，總會有一定的成果。只是，A型雙子座缺乏耐性和頑強，做事情不願意持之以恆，缺乏對真理追根究底的堅持。所以，A型雙子座的人們一定要儘早樹立好自己的人生目標，並要全力打好基礎，這樣才能夠早日實現夢想。

　　A型的雙子座，往往在愛情中比較花心，他們不但不用心去經營自己的愛情，反而經常與2人以上的異性同時保持著交往。由此，A型的雙子座較難尋找到並把握住一份真感情的。然而，如果A型雙子座想要交到好的金錢運，那就不要經常為自己的好奇心買單了，應學會在自己的工作中充分展現自己的才能，才能得到相應的價值體現。

好運小提示

相信有一分耕耘就會有一分收穫，只有堅持不懈地耕耘，才會收穫最大的成果。要懂得堅持的價值。

 職場命運

　　Ａ型雙子座在事業上的成敗關鍵在於對職業的選擇。Ａ型雙子座往往由於性格上的隨意與毅力的缺乏，他們不適合從事需要耐性的單調工作，以及沒有靈活性的工作。

　　如果不能夠好好發揮Ａ型雙子座的優勢，即沒能夠好好利用自己敏捷的應變能力的話，恐怕在事業上很難有太大的成就。

　　但是，Ａ型雙子座身懷其他星座所不具備的能力，那就是對情報的搜集及運用的能力。因為雙子座的守護神又被稱為「傳播之星」，它賦予雙子座卓越的有關通訊及傳達的能力。

　　在資訊化飛速發展的當代，Ａ型雙子座恰好能在現代資訊世界中大展身手，他們可說是天生的「媒體寵兒」。在新聞、電視、雜誌等有關輿論的工作，以及律師、外交官等工作領域，Ａ型雙子座的加盟都會讓自己的才能得到淋漓盡致的發揮。

好運小提示

> 凡是適合自己的就是最好的，選擇適合自己的職業，才會發揮自己最大的潛能。

贏在職場

隨性，不夠堅定的性格將會影響A型雙子座一生的命運。如果要實現自己的職場夢想，首先A型雙子座要正確選擇好自己的職業，莫不可將自己推到英雄無用武之地的境地。

其次，A型雙子座要學會珍惜自己的朋友，搞好自己的人際關係，這對於事業穩定具有重要意義。

再次，A型雙子座擁有靈活的應變能力固然很好，但是也不能忽視自己本身對於耐性的匱乏。眾所周知，古至今外，凡是成大事立大業者，無不擁有堅強的韌性與執著的追求。

好運小提示

要想贏在職場，需要持之以恆的追求。所謂「冰凍三尺非一日之寒」，職場中切不可「三天打魚兩天曬網」。

 社交技巧

A型雙子座在交際方面比較有天賦，他們的開朗大方、口才流暢，讓他們總是頗具人緣。因為，機敏的A型雙子座能夠察言觀色、投其所好。他們不僅能夠觀察到自己身邊的人在什麼時候需要什麼樣的說明，他們還能夠根據不同的人進行不同的交往方式。只是，A型雙子座在幫助別人，拉近感情的時候，並沒有想過要和他們深交。

　　Ａ型雙子座靈活卻缺少穩定，因此心智不夠成熟。其實，這個時候的他很需要有一個知交來說明他走向成熟。因此，交朋友不要只在乎一時之興，交到真朋友才會給自己帶來好運。

好運小提示

> 人生得一知己足矣，學會對人以誠相待，方能收穫摯友，收穫好運。

💧 財富密碼

　　Ａ型雙子座是一種集才能與弱性為一體的人，他們接受尖端的知識能力很強大，同時又總是對自己的事情不能強硬的堅持到底。因為Ａ型雙子座的出類拔萃，又因為追求對求知欲的滿足，Ａ型雙子座的財運在整體上說是很不錯的。才能可以給Ａ型雙子們帶來很大的財富，當然這需要他們能夠堅持住自己的目標，在事業上幹出一番成就。想要成功，就不要懶得追根究底，要給自己施加勇往向前的堅韌以及頑強拼搏的意識。

　　由於Ａ型雙子座的善變性，所以無法更好的斂財。據調查，Ａ型雙子座的人中，只有少數是Ａ型性格勝過雙子座的性格，善於點滴儲蓄。大多數Ａ型雙子座的人，都是花錢如流水的類型，他們對金錢的概念並不是很大。Ａ型雙子座需要注意，在青年期到中年期這一段時間的財運最為旺盛，這個時候

要好好把握機會，收斂一下隨性，將能收穫不少的財富。

好運小提示

> 堅持事業目標，克制自身的惰性，錢財方能滾滾來。

戀愛攻略

　　A型雙子座的愛情很矛盾，A型的性格特徵要求他們對於愛情要學會保守與自我壓抑，而雙子座的隨意又期待他們能夠遊戲感情。於是，A型雙子座的戀愛就像善變的天氣一樣。A型雙子座的人們一會兒溫文爾雅的面對愛慕者，一會兒又變成個滿嘴甜言蜜語的花花公子，很難讓人猜透他們的真面目。

　　不過，大部分A型雙子座的人在談戀愛時候的性格主導往往是雙子座的特性。也就是說大多數的A型雙子座對於愛情很隨性、很不專注。他們把愛情看的冷淡。因此，無論分離聚合，對他們的影響都不是很大。

　　也正是由於A型雙子座的不穩定性，他們很難找到自己的真愛，即使找到了，也很難做到真心對待。A型雙子座的花心畢竟不是優點，那會讓自己備受情感的折磨不說，風流成性總會給自己惹來太多的情感糾葛。

好運小提示

> 試著把變動性轉化成定性，情感世界將會因此而與眾不同。

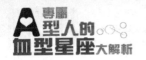

 婚姻家庭

　　Ａ型雙子座的婚姻狀況與Ａ型性格和雙子座特徵有著同樣密切的關聯。保守的Ａ型性格與追求自由的雙子座特徵，極易導致婚姻的兩種極端。如果Ａ型特徵比較強勢，那麼Ａ型雙子們一般會有早婚的意向，而且此時多有比較穩定的生活基礎；反之，如果雙子座性格特徵比較活躍的話，Ａ型雙子們將是個不折不扣的愛情遊戲專家，婚姻是他們最不感性興趣的話題。

　　Ａ型雙子座的人，不會主動尋求所謂的真愛，他們有著強烈的反抗家庭的意識，往往是「談婚姻色變」的類型。哪怕好不容易結婚了，他們的那種漂浮的心態還是不會消失。他們喜歡熱鬧，所以常常邀請朋友到家玩鬧。

　　他們對愛情比較冷漠，對另一半並不總是很緊張，即使發現對方有了外遇，也會坦然接受，並試圖以同樣的方法傷害對方。其實，既然不適合過早的承擔家庭的責任，那麼就讓自己在結婚之前多任性一些，結婚之後，應該懂得收斂秉性、穩定生活。

好運小提示

婚前的隨性不可以帶到婚姻中，婚姻是一種責任。

最佳速配

►雙子座＋天秤座＝絕配

同是風象星座的雙子魚天秤可謂是絕配，他們不但個性相似，做事方法也很合拍。只要他們兩一起出馬的事情，都會很順利地進行。天秤天生喜歡權衡也很溫和，所以他們吵架的機會也會少之又少。善於口才的雙子，遇上性情溫和的天秤，兩人在一起營造的氣氛會很融洽，所以他們相處的一向很愉快。所以天秤不牽動雙子的心才怪。

雙子的靈活多變，總是有意無意地搞出一些浪漫的驚喜，讓喜好浪漫的天秤又愛又依賴，而天秤非常重視公平，這是雙子所沒有的特質，但是卻非常欣賞。所以不妨好學聰明的雙子多多學習一下，展示給天秤，久而久之，他們的感情會非常順利地進行。

與雙子不錯的星座搭配還有：

►雙子座＋獅子座

獅子富有幹才，有領導氣質，定會前途光明、平步青雲。他們膽大心細，態度積極，主動思考，做事情極有效率，因此深受年長者的信任。他們與雙子座結合，屬於一種「強強聯合」，很讓人期待。

►雙子座＋水瓶座

這兩種類型的人都有著旺盛的求知欲，充滿著現代感，對

任何新穎的事物都帶有強烈好奇心。剛剛認識時，雙子座雖然難以掌握他們的性格，但是長久交往之後，會驚訝地發覺彼此情投意合。

雙方的結合可以說是天作之合，他們都交遊廣闊，性格開朗，對感情比較灑脫，不會擠壓對方的生活空間，不會給對方壓力。兩個人之間的關係能遠能近，在一起不會膩，分開一段時間也不會過於牽掛。在事業也能相互幫助，既是親人又是夥伴。

雙子座＋射手座

射手座興趣廣泛，富有好奇心，熱愛四處活動，精力充沛，凡事都想親身體驗，對待異性很溫柔，射手的激情正是雙子座所需要的。射手座對白羊座的影響將是天翻地覆的，可以幫他克服許多困難，彌補很多不足。

 健康驛站

雙子座是十二星座中最敏捷的星座，有強烈的好奇心和求知欲，因此對維生素B12的營養需求量比較大，因為維生素B12能幫助他們更好地集中注意力，所以建議A型雙子座的人們平時在飲食上要多吃些肝、瘦肉、魚、牛奶、雞蛋等。

配合A型雙子座的良好的交際關係，A型雙子座的人們往往會存在著比較嚴重的腸胃問題以及呼吸道的疾病。所以，為了健康著想，你們應儘量克制著飲酒、抽菸，也最好少去那些太過嘈雜的地方。

A型雙子座的你，平時太過吵鬧，要注意多修身養性才

是。沉靜也是一種享受噢。

雙子座健康減肥祕笈：

減肥迫切性：★☆☆☆☆

關鍵部位：腰部、手部

原因分析：雙子座肥胖的機率非常低，但是如果胖起來的話，會顯得特別魁梧。一般來說，多才多藝的雙子座手臂比較發達，肩膀比較寬闊，一旦胖起來，上圍會比較驚人，如果個子較高帶一點駝背的話，就會非常難看。所以，對雙子座來說，減肥的過程，更多的是一個塑身的過程，是一個保持線條的過程。

A型×巨蟹座

 性格分析

　　A型與巨蟹座組合在一起，彷彿是一種保守的強強聯合。A型的性格喜歡穩定、崇尚團結感，巨蟹座比起其他星座來說，喜歡安全感又比較重視國家、家庭和朋友等的集體利益。這兩種相似的個性疊加在一起，使A型巨蟹座變得更加重視原

則，樂於遵守社會法規及重視生活常識，喜歡安安穩穩的生活。

A型巨蟹一直懷有顧全大局的大氣，以及團結集體的領導風範。A型巨蟹喜歡傳統，容易念舊，不喜歡接觸新鮮事物，不喜歡與陌生人打交道。於是，A型巨蟹的交際圈子會相對封閉一些。

由於月球是巨蟹座的支配星，而月球主掌人類的感情，象徵著母性的愛。所以，A型巨蟹座的心中總是充滿大愛，樂於助人；感情細膩，有悲天憫人的胸懷。但是不可輕視的是，A型巨蟹感情太過豐富容易引發敏感情緒，做事情極容易缺乏理性。如果突然有件事讓自己不開心了，A型巨蟹會很容易一頭鑽進牛角尖，然後鬱悶的難以自拔。

好運小提示

衝動是魔鬼，學會駕馭自己的情緒，而不是讓情緒來左右自己。

巨蟹運勢

巨蟹座一生的運氣整體還不錯，他們對家的熱愛致使他們的家庭很和睦，與父母、妻子、兒女之間的關係都不錯。巨蟹座的人大部分是比較有福氣的人，與家人在一起，幸福感會不斷增加。

但是，A型巨蟹座往往也會由於自己的脾性而帶來一些煩

惱。比如，巨蟹座的已婚者與另一半討論事情的時候，因為固執己見，總會引來爭吵；當事業中遇到挫折的時候，因為慌張而不知所措；進行物質消費時候，盲目追求高品質。這些都會給自己的生活與工作帶來太多的不愉快。

另外，過分注重家庭關係的A型巨蟹座，偶爾會忽視人際關係的和諧，這將會嚴重阻礙你的發展。因此，鞏固一下你的人際，放寬心態，不要太過感情用事，才會加強你的成功根基，才會讓自己有更大的發展。

好運小提示

社會是由人來組成的，學會與人相處將會使自己受益終生。

職場命運

A型巨蟹座的職場命運與自己的性格特徵息息相關。大家都知道，螃蟹總是習慣隨遇而安的愜意，而A型巨蟹座就如這隻螃蟹一樣，喜歡待在一個舒適、安全的環境裡。所以，最適合A型巨蟹座的工作就屬有關建築或室內設計的工作了。

A型巨蟹座最大的性格就是擁有母性，看重家庭，懂得付出。因此，A型巨蟹座的人們也非常適合從事與感情關懷有關的工作，比如：護士、保姆、小兒科醫生等等。當然，對講究飲食的A型巨蟹座來說，從事一些廚師、烹飪師等的工作也是不錯的。

職場上，Ａ型巨蟹座給人以善於與領導溝通，樂於與團體合作的印象，再加上端正的工作態度讓他們很容易得到公司同事的認可。只是，他們有時候容易把工作的事情與私人情緒混合在一起，嚴重影響工作的進展。

做事情要講求公私分明，切忌將其混為一談。

贏在職場

鑑於Ａ型巨蟹座與生俱來的母性特徵，他們大多以奉獻事業為重。所以Ａ型巨蟹座當老師的有很多。Ａ型巨蟹男，往往是先成家後立業的典範，Ａ型巨蟹女則更適合做的是家庭主婦，她們絕對能把家庭管理的有條不紊。正確的定位會讓Ａ型巨蟹座的工作順利。

雖然，Ａ型巨蟹座習慣付出，樂於奉獻，但是不要讓自己工作太過忙碌。勤懇是好事，卻也應該多給自己留點為自己奉獻的時間。由於視野相對狹隘，Ａ型巨蟹座必須鍛鍊自己的包容心以及遇事冷靜的平常心。

儘管，Ａ型巨蟹座天生具有很強的忍耐力，做事貫徹始終。但是不要忘記，職場上不是只要自己刻苦就可以，而更需要一些朋友的說明與關懷。那麼，平時多注意拓寬一下自己的朋友圈子，與志同道合的朋友合作，會讓Ａ型巨蟹座如虎添翼，更容易獲得成功。

好運小提示

切忌做事感情用事、拖泥帶水,以及太過主觀。

社交技巧

重視原則、穩重保守的A型巨蟹座,對於社交問題並沒有解決的很好。畢竟,他們繼承了A型的保守與巨蟹座的安定,所以他們很樂意把自己封閉在一個習慣的環境裡。但是他們很看重真正的友情,一旦有了值得信賴的朋友,他們便會對朋友無微不至的關懷著。

由於A型巨蟹座重家的本性,他們會一切以家庭的利益出發,如果自己的孩子在外面惹了什麼是非,他們會極力袒護自己的孩子,但這可是構成人際關係惡化的一大障礙。愛護孩子固然正確,但是過於庇護孩子的成長,不管對孩子還是對你來說都是不夠理性的。

A型巨蟹座喜歡以自己的好惡作為標準來判斷是與非,只願意與自己情投意合、談得來的人交往。另外,雖然A型巨蟹們很看重金錢,但是不要總是對朋友太小氣,有時花點交際費會讓自己得到更多,有付出必有回報的真理永遠不會過時。

好運小提示

試著改變一下自己的情緒化標準,學會理智、包容地對待一切,將會收穫更多的朋友。

財富密碼

　　Ａ型巨蟹座對金錢非常有概念。Ａ型巨蟹座一直擁有相當不錯的財運，他們的財富幾乎全部來自於你的精打細算以及穩定的儲蓄。

　　Ａ型巨蟹座生性傳統，從來不會幻想著突然有一天一下子暴富，也不會去做一些風險性的投資。Ａ型巨蟹座只是喜歡踏踏實實、安安穩穩的把錢存在銀行裡，愈到晚年，財富愈豐富，生活愈舒適。積少成多的樂趣永遠讓Ａ型巨蟹座著迷不已。

　　另外，Ａ型巨蟹座不僅擅長儲蓄，對金錢的精打細算也是強項。Ａ型巨蟹座有節儉的生活作風，但並不意味著捨不得吃、捨不得穿，而是體現在當他們買一件東西的時候，永遠都會計算在先，貨比三家，對東西的品質與價格都要細細比較。

　　精於保守理財的Ａ型巨蟹，絕不會浪費自己的一分一毫，他們分配好每個月的具體開支後，剩下的都會被存進銀行，再加上他們對家庭的責任感，對子女的疼愛，他們會更加努力地存錢，於是Ａ型巨蟹的儲財能力愈來愈被歷練的爐火純青。

好運小提示

錢財，不只要會存，更重要的是要會生，生財才是真正的富有之道。

🌢 戀愛攻略

Ａ型巨蟹座與Ａ型雙子座擁有完全不一樣的戀愛觀。Ａ型巨蟹座的人們注重定性，他們的戀愛都是以婚姻為前提的。無論是男女，Ａ型巨蟹座的人總是感情細膩，擁有強烈的母性。他們不喜歡浮躁的愛情遊戲，也不習慣愛的轟轟烈烈，他們的愛情平凡、穩重，更有默默奉獻的偉大。

Ａ型巨蟹座渴望平靜的愛情，卻也總在幻想幸福的婚姻。如果在交往的過程中，發現他（她）就是自己要找的人，那麼Ａ型巨蟹會一心一意專情於對方。Ａ型巨蟹座的愛情平淡無奇，不會有什麼曲折離奇、引人入勝的故事發生，但他們恰好喜歡享受平淡中的安定，以及安定中的幸福滋味。只是，當Ａ型巨蟹表達對愛人的忠誠熱愛的時候，要多給他們一些自由的空間，太過纏人可是不好。

好運小提示

多給另一半一點個人空間，感情的溫度將會持續提升。

🌢 婚姻家庭

由於Ａ型巨蟹座喜歡保守、穩定的生活方式，所以對愛情與婚姻的要求也希望是平平淡淡。在Ａ型巨蟹的眼中，平平淡淡才是真，那些曾經的轟轟烈烈、海誓山盟都是靠不住的。

　　Ａ型巨蟹的戀愛目的一般很是明確，只要確立了戀愛關係，也就意味著接下來會步入結婚的禮堂。雖然Ａ型巨蟹不擅長甜言蜜語，但是他們對另一半的體貼以及對家庭的熱愛，會時刻打動伴侶。Ａ型巨蟹座，還時常為家庭生活做一些長遠計劃，注重家庭生活的條理。

　　Ａ型巨蟹座，是十二星座中最家庭化的典型。Ａ型巨蟹座的老公，往往在辛苦工作的同時，還是將家庭放在首位。他們顧家，常常幫助自己的太太做些家務，也喜歡照顧孩子，是典型的二十四孝好老公。只是，Ａ型巨蟹座的丈夫在插手家務事得到時候，偶爾會引發夫妻間的衝突。

　　Ａ型巨蟹座的妻子，則是標準的賢妻良母。她們忠於自己的家庭，溫柔、體貼、賢慧，對家庭默默地付出。如果說歷來婆媳之間不可能相處好的話，那麼Ａ型巨蟹座的妻子會是個例外。她們不僅能夠做個好媳婦，同樣也是個好女兒、好妻子、好媽媽。

 好運小提示

看重家庭的同時，也應注重預防、解決家庭的紛爭。

最佳速配

►巨蟹座＋獅子座＝絕配

　　強勢的獅子和溫順的巨蟹屬於超級穩定理想的配對。因為他們都是家庭型的星座，溫柔智慧的巨蟹很懂得給足獅子面

子，而外表強悍的獅子往往很容易被這種善解人意打動，看起來是一剛一柔的結合，實際上，巨蟹總是以他特有的方式在背後支援著獅子。所以這個配對的感情相當穩固，如果當他們開始共同描繪未來藍圖的時候，基本上就暗示他們將步入婚姻殿堂了。

與巨蟹不錯的星座搭配還有：

►巨蟹座＋天蠍座

兩個都是水象星座，性格很相似，敏銳感性、頭腦聰明。人生觀、世界觀基本一致，所以兩個人在一起很談得來，會有通電的感覺。他們的戀情往往是順其自然而發生的，由朋友慢慢轉向戀人。但是一旦確定戀愛關係，你們的戀情就會轟轟烈烈，十分迅速。特別是巨蟹座的情緒變化令人匪夷所思，可是天蠍座對此卻瞭若指掌。所以，巨蟹座常常視天蠍座為唯一的知己。

►巨蟹座＋雙魚座

如果有能讓巨蟹座感到一見鍾情的，那就非雙魚座莫屬。雙魚座能夠化解巨蟹座的一切煩惱，哪怕是很細碎小事，雙魚座也能為巨蟹座排解。雙魚座的溫柔和巨蟹座的多愁善感配合在一起，能夠彼此體貼，彼此照應，雙方也一定會意識到對方的不可缺少，從而更加珍惜這份感情。

►巨蟹座＋金牛座

專心的O型金牛座和重家庭的A型巨蟹座結合起來，家庭

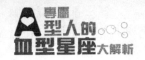

基礎就會牢不可破，倔強的O型金牛還可以幫助敏感的巨蟹多拿主意。在金牛座面前，巨蟹座的一些多疑、保守的毛病會得到不同程度的改進，甚至有望變得爽朗起來。

 健康驛站

巨蟹座是十二星座中最有母性的星座，也是個非常愛吃的星座，因此要時刻注意保護自己的胃，防止飲食過量。

既然愛吃，那就需要多吸收些維生素B2來幫助脂肪燃燒，促進身體的新陳代謝。富含維生素B2的食物有穀物、蔬菜、牛乳和魚等。

此外，A型巨蟹座即使對情緒的控制能力極強，但是由於缺乏安全感，常會造成過大的情緒波動，並會因此陷於杞人憂天的境地。特別是當家庭出現糾紛的時候，精神極其不穩定。殊不知，精神太過波動，會讓肝膽分泌不順，容易引起腸胃問題。

顧家愛家的A型巨蟹座，大部分時間喜歡待在家裡，建議不妨多出去走走，從事一些消耗體力的運動，可減少神經過敏的毛病。如果選擇在水邊的場所進行活動的話，會有好運降臨。

巨蟹座健康減肥祕笈：

減肥迫切性：★★★★★

關鍵部位：全身

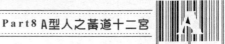

原因分析：巨蟹座簡直就是肥胖製造機。巨蟹座的體質是天生粗壯的那種，骨架比較大，又有肉，所以會顯得很富態，甚至連眼瞼也總是微微水腫，加上他們很有愛心，也容易得到別人的回報，會有人時常送來好吃的，這也導致心情總比較愉快，正所謂心寬體胖。何況巨蟹座往往廚藝還相當不錯，胃口比較好。另外，巨蟹座的人有點懶惰，這就更是雪上加霜了。整體來說，巨蟹座具備了一切肥胖的要素，不僅自己胖，還會影響周圍的人發胖呢！

A型×獅子座

 性格分析

A型獅子座，擁有相當奇特的性格，時而消極時而積極，能顯出浪漫氣質的同時也能顯出A型所具有的內向害羞的一面，讓人難以琢磨，略顯神祕。

但是對絕大多數A型獅子座的人來說，開朗的活潑的獅子座個性往往能壓住A型的樸實靜謐。尤其在外在行動中更能現實獅子座的個性來，這些都可以從眾多社會名流中看出。A型

獅子座擁有獅子般強大的信心，但是過大的自信往往會導致自大，在虛榮的影響下，經常會表現出自以為是的心態。這種王者心態往往從小時候就表現出來，直到來到工作崗位上也是如此，Ａ型獅子座永遠是站在頂點的領導人物。

Ａ型獅子座中也有少數人是Ａ型特徵較為顯著的類型，胸懷寬廣，野心內斂，這往往會給別人留下保守印象。也是因為這種保守，讓Ａ型獅子容易受別人蠱惑、煽動的弱點也很明顯。這種性格再加上Ａ型的強烈自我保護傾向，可能會讓Ａ型獅子變成一個暴君，往往會去欺負那些善良弱小的人，這與Ａ型獅子的內心是截然相反的。Ａ型獅子很容易受到奉承的慫恿及諂媚，從而給了別人假借自己之手完成邪惡意願的機會，而Ａ型獅子自己可能往往是被人賣了還幫人家數錢，任由別人利用、擺佈。

如果你是獅子座，那就轟轟烈烈地開創自己的新天地吧，因為Ａ型獅子的性格具有開創和領導精神，同時保守的形象又有助於被社會所接納。

好運小提示

忠言逆耳利於行，莫不可讓花言巧語蒙蔽了自己的雙眼。

 ### 獅子運勢

獅子座由太陽神阿波羅管理，所以頗具陽光、熱情、自

信、大方的特質。A型獅子座整體運勢是比較不錯的，他們最終能夠憑藉自己的力量建立起不錯的名聲、地位和財富。雖說，獅子座的人天生具備領導的能力，但不能驕傲自大，自大只會讓自己受挫。所以，要想獲得別人的認可與尊重，請放下一點身價，改變一下自己的固執。

A型獅子座的人生運勢呈現先低後高的趨勢。他們往往在幼年時期就要經歷生活的艱辛，到了成年的時候，卻又總經歷不得不向別人低頭的場面，此時的自尊心會受到嚴重打擊。但是，只要努力把握好20歲到30歲的這段事業黃金時期，積極爭取機會，最大可能的發揮自己的才能，你會賺到豐厚的財富與地位。

好運小提示

認真對待所經歷的苦難，苦難會造就自己的成長、成熟與成功。

 職場命運

天生能力高強的A型獅子座，由於受到太陽神的庇護，難免有些自傲。A型獅子座喜歡組織並領導別人，希望看到手下有一大批人在聽自己指揮。但是，生性固執的A型獅子座，不太樂意與別人進行溝通協調，這會嚴重影響自己的決策力。

A型獅子座擁有自信的傲骨，喜歡用表演來將它淋漓盡致的表現出來，所以A型獅子座的人倘若從事演員、歌手、模特

兒等工作的話，會比較有所建樹。此外，A型獅子座天生愛好熱鬧華麗、對美有獨到的欣賞與挑剔，如果從事珠寶、皮革等高級品事業也有不錯的運氣。同時，A型獅子座敏銳冷靜的頭腦和充沛的精力、體力，深有成為一名成功的企業家、政治家或商人的潛質。

A型獅子座太過獨斷專行，不願意接受別人的指導與建議，這樣勢必會影響自己的事業。所以，要想事業名譽雙收的話，就要在自己的性格中多發揮一下A型的氣質。

好運小提示

不要太過孤高自傲，嘗試著虛心接受別人的指導與建議。

 贏在職場

A型獅子座的人，勇敢、果斷、開朗有活力，同時具有王者的氣派，選擇一些可以體現自己領導才能的職業對自己很有利的。同時，A型獅子們精力充沛，交際靈活，進入演員、模特兒等的職業圈，也會讓才能得到很好的表現。因此，要想贏在職場，選擇正確的職業很重要。

其次，A型獅子座的人是喜歡聽好話的典型。他們擁有著強硬的個性和高傲的自尊，凡事認為自己的觀點就是對的，不太喜歡接納別人的意見。也許正因如此，他們每當聽到讚美的話語時，總是心花怒放、自鳴得意。其實呢，敢於批評自己的

人才是對自己有利的人。因此，要想在職場上縱橫馳騁，學著放低自己，接受別人的批評。

 好運小提示

讓自己在職場中表現的謙虛一點、謹慎一點、包容一點，自己的領導地位方會更加穩固。

🜔 社交技巧

A型獅子座的人，天生陽光、豪爽、大氣，很容易結識新朋友。即使對於初次見面的人，他們也能在頃刻間與之高談闊論起來，給別人的印象往往是胸懷寬廣、氣魄偉大。

他們天生出色的領導才能，往往會吸引很多志同道者的加入。對待朋友，他們熱情包容，對待敵人卻有著秋風掃落葉的殘酷。因此更能夠得到朋友的擁戴。

只不過，他們強大的自尊心常常促使他們獨自發號施令，不與他人進行有效地溝通，缺乏組織協調性，這就容易在集體中樹敵，影響自己的威名。

所以，A型獅子座的社交能力都是很高的，只是不要總是看重自己的意見，多徵求一下他人的看法，不僅不會降低你的領導風範，反而會提升你的道德名望。

好運小提示

有自尊是對自己的維護，但自尊心過強則會對自己
造成傷害。

💧 財富密碼

A型獅子座的財運相當不錯，偶爾還會趕上一些不勞而獲
的事情，相當讓人羨慕，但是瀟灑的性格，讓A型獅子揮霍成
性，得到再多的財富也不能長久，最後只能落得「兩袖清
風」。這不能太責怪自己，誰叫A性獅子座的人天生最恨吝嗇
小氣的人呢，以至養成了花錢大手大腳，不知道節制的習慣。
在A性獅子眼中只要是看中的就一定要買，沒有什麼事能克制
住他們的購買欲。雖然A性獅子有時也會刻意的存一點錢，但
是那是為下一次大的消費作準備，有時甚至不知不覺就把錢花
掉了。

對於A型獅子座來說，他們喜歡把錢放在像賭博那樣高風
險的事業中，一開始可能大紅大紫，但十賭九輸，最後很難保
持自己獲得的財富。

好運小提示

見好就要收手，不要讓悲劇發生。

戀愛攻略

A型獅子座的戀愛觀比較特別，總是充滿太多的戲劇化情節。他們喜歡天真爛漫的感覺，喜歡把自己變成被別人關注的焦點。他們的愛情看似瀟灑、浪漫、不拘一格，即使是在大庭廣眾之下，也會毫不顧忌的與情侶親熱。

在戀愛的過程中，他們只會享受著彼此的存在，不會在乎外人的議論與驚訝。之所以表現出這樣的戀愛特性，多半原因來自於獅子座的浪漫喜好，但凡A型獅子座多一點A型人較強的自制力的話，A型獅子座的戀愛過程也會少受點爭議。

A型獅子座樂於陶醉在戀愛的歡樂中，對此他們總是捨得往約會身上投錢，只要能夠開心，花多少錢都願意。為此，A型獅子經常囊中羞澀，可即使向朋友借錢，也要滿足自己約會的快樂，這會導致A型獅子的戀愛之路充滿趣味及醜聞。

A型獅子座的男性，對女性都有著強烈的追求本能，特別是那些漂亮的女性。因為他們在選擇戀愛對象時，更重視她們的容貌而不是品德。A型獅子座的女性，則在戀愛中懷有嚴重的自負情節。

對一般的凡夫俗子、泛泛之輩，她們經常顯擺自己的高傲與自尊，但是對戀人卻是百般熱情、柔情萬千。不過，她們的眼眶很高，只對一些有名譽有地位的人感興趣。

對待愛情應該冷靜一點，不要太看重外表，要注重體會一個人的涵養是很關鍵的。

💧 婚姻家庭

A型獅子座的女人婚後的生活漸漸趨於平淡。她們不再樂忠於外面的應酬與娛樂，不再關心自己是否仍是眾人關注的焦點，她們僅僅享受家中的「女王」地位。她們不願為家務犧牲自己，亦不願在教育孩子方面花過多的時間。在此家庭中成長的孩子無拘無束，多有獨立自主的良好性格。整體而言，她們還是不錯的母親。

A型獅子座的男人是永遠不服老的一群人，他們喜歡追求新鮮的事物，家庭對他們而言沒有任何特殊意義。他們不時在外尋找刺激，對家人漠不關心，也從不因此感到愧疚。他們的大男子主義使他們堅信女人照看家庭是天經地義的事情；而男人就應花天酒地，享受生活。他們在孩子心中的地位並不高，只是個「很會玩的爸爸」。

無論扮演著怎樣的家庭角色，只要對家庭負責，對自己負責就好。

154

最佳速配

►獅子座＋天秤座＝絕配

獅子的王者氣息與天秤的優雅氣質相匹配，簡直是絕美的組合。從外表看上去就已經是人群的亮點，加上他們言談舉止間帶來的魅力和親密無間的默契，足以叫眾人嫉妒。

天秤座的人特別喜歡有個性的人，而獅子剛好符合天秤的胃口，獅子在12星座中的性格非常明顯，即使也許不會每個獅子座的人都會有那麼明顯的個性，但是天秤總會找出一些與眾不同的特色與之欣賞。還有最重要的一點，天秤很喜歡猶豫，總是在仔細衡量之後還是拿不定主意，而獅子很喜歡挑戰難題並習慣做決定，這就讓總是愛憂鬱的天秤非常喜愛。

在相處時，值得注意的是，獅子一定要表現出自己強大的王者風範，多注重穿衣和言談舉止，外形與內涵兼備就足以讓天秤迷戀，如遇到問題時，獅子擺出一副一切都必須聽從他的架勢，一定會讓天秤死心塌地。

與獅子不錯的星座搭配還有：

►獅子座＋射手座

射手座坦率的性格是對獅子座的一劑良藥，如果作為朋友，射手座很容易和獅子座發生衝突，但是作為情侶，射手座樂觀，喜好運動，富有責任感，臉上經常帶著笑容，很幽默，這些性格都是深深吸引獅子座的地方。在性格與能力上，射手

座與獅子座能形成一種互補。

►獅子座＋白羊座

如果說有什麼能讓獅子座感到離不開的話，那一定是白羊座。兩個人都喜歡享受性的生活，追求生活品質，都喜歡浪漫，喜歡甜言蜜語。兩個人配合起來，天衣無縫，生活就像在演戲一樣，即使演起對手戲來，也是棋逢對手。而且，兩人一定會有共同的朋友，共同的生活圈，共同的語言，白羊座簡直是獅子座最親密的戰友。

►獅子座＋雙子座

雙子座的進取心和獅子座同出一轍，兩方結合的話，會在事業上取得新的高度，雙方可以相互鼓勵，出謀劃策。而且獅子的霸氣、包容心正好可以遏止雙子座的多變，雙子座的溫柔婉約正好可以撫平獅子的暴戾之氣。

 健康驛站

獅子座模擬於人體的眼睛，因此，A型獅子座的人應多膳食維生素A，有助眼內感光色素的形成。富含維生素A的食物包括動物肝、胡蘿蔔、奶油和雞蛋等。

A型獅子座的人，在早年的時候過於忙碌自己的事業，會給自己的身體埋下健康隱患，因此，忙碌的時候請注意適當休息，做到勞逸結合才能有助身心健康。另外，雖然A型獅子座需要操心的事情有很多，但應避免心情煩躁帶來的過激行為。

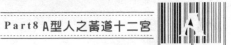

在情緒極不穩定的時候，試著調控一下自己，比如獨自到幽靜的地方散步，或者進行一次長途旅行。

獅子座健康減肥祕笈：

減肥迫切性：★★☆☆☆

關鍵部位：腹部

原因分析：天生注重外表、身材高挑的獅子座肥胖的機率並不高，即使肥胖，也不會十分嚴重。不過，養尊處優的生活倒是容易給腹部帶來贅肉。如果獅子座的你確實胖了，千萬不要聽信別人的話，如果別人恭維你的身材的話，不過是在敷衍你罷了。要知道，你平時的所作所為不會讓人樂意對你來個當頭棒喝，「喂，你變胖了，該減肥了」這種話，即使是你最好的朋友恐怕也不會輕易對你講出來。

A型×處女座

 性格分析

A型處女座人純潔而善良，謹慎而怯懦，他們有豐富的知性，做事一絲不苟，有旺盛的批判精神，並且有潔癖，不喜歡別人侵犯其生活空間。他們外表安靜沉默，具有A型的特質，對外界的衝突，總是採取逃避的方式，那是處女座人膽怯和孤獨的本性使然。但只要自己能夠確定的事，便會比較大膽。他們做事不喜歡半途而廢，對任何事都有自己周密的規劃，然後一步步地實施並完全掌握。他們好學、求知欲旺盛，做什麼事都很投入，而且擁有極好的口才。

A型處女座由於過度潔癖，有點挑剔又追求完美，因而眼裡容不下一點污穢或醜陋的事情。他們對事物具有敏銳的洞察力、正確的判斷力，自尊心極強，非常自負。但實質上A型處女座人缺乏信心，在潛意識裡認為自己不夠美好。

好運小提示

完美的事物是不存在的，其實缺陷也是一種美，不要對完美要求太嚴格了。

🜄 **處女運勢**

A型處女座的學業運超好，他們的天賦就是學習。他們擁有超凡的智慧，善於研究學問並分析學習各種事物，能夠從舊有的方法中找出新的方法，他們能將一切事物抽絲剝繭，找出更好的法門來解開謎團。當運勢低迷時，A型處女座好高騖遠，固執倔強，可能會迷失方向。同樣，由於高人一等的財商，他們的金錢運勢良。據統計，世界上的億萬富翁中，以A型處女座人居多，由此可見他們財運的確非同一般。

 好運小提示

遇到挫折的時候，放下一點倔強，冷靜會讓你守住前進的方向。

🜄 **職場命運**

A型處女座的人工作勤奮、比較務實，不僅心思慎重，還有樂於助人的天性，天生具有服務精神。因為有一股來自精神的力量支撐其行動力，所以在職場上他們看起來總是忙得不亦

樂乎。大多數人在同一工作崗位上待久了，都會覺得無聊乏味，想要換個職業，但是Ａ型處女座人往往會安之若素，樂在其中。

Ａ型處女座天生便具有卓越的辦事能力，做事一絲不苟，具有堅定踏實地作風，很適合祕書、會計等工作。他們在團隊裡屬於默默耕耘的類型，雖不耀眼，但卻是不可缺少的角色。他們外表沉默，具有銳利的批判眼光，工作絕不草率行事，做事有始有終，因此能得到上司的認可和同事的肯定。但有時過於謹慎的個性，使得行動看起來不積極，在職場中可能會阻礙成功。

好運小提示

做事情講究分寸，謹慎固然好，但過於謹慎會阻礙成功。

🖤 贏在職場

Ａ型處女座的人在平靜又有秩序的環境中才能保持冷靜的工作情緒。由於心細，對事情的處理十分得體，他們很適合做辦公室工作。但有時會過於瑣細，對別人的過錯不肯輕易原諒，容易惹出是非。所以，Ａ型處女座人要記住「得饒人處且饒人」，多一事，不如少一事，凡事學會寬容忍耐，這樣對自己的職場生涯是有好處的。

Ａ型處女座人野心不大，保守而安於現狀，一生只守著一

個小小的志向，在職場中很難有輝煌的成就。因此，他們除了腳踏實地默默耕耘之外，也應擁有遠大的志向及魄力，這樣自己的事業才有可能更上一層樓。

好運小提示

「得饒人處且饒人」，懂得多一事不如少一事，凡事學會寬容忍耐。

社交技巧

　　一般來說，由於吹毛求疵的天性，A型處女座人凡事總喜愛批評一番，還往往一針見血，不留任何餘地，令人感到難堪。長此以往，在人群中他們多少會受到排斥。

　　他們是完美主義者，有點神經質，平時會格外留意細小的事情，有時情緒會焦躁不安，和A型處女座的人在一起令人疲憊不堪，無法忍受。因此，在人際交往中，A型處女座人千萬不要動不動就挑他人的毛病，或者口氣刻薄地談論別人的缺點。只有凡事學會大度，以容忍的態度與人相處，才會為自己贏得不錯的口碑。

好運小提示

給別人留點面子，也是給自己留有餘地。

161

財富密碼

　　A型處女座的人財運不錯，雖不大可能一夜之間成為巨富，但收入十分穩定。他們很會量入為出和控制開支，每個月都會有一定的儲蓄。他們喜歡未雨綢繆，從不任意浪費，每一塊錢都能作最妥當的安排。這種作風往往被誤認為是一毛不拔的守財奴，但事實上只要有充分的開銷理由，他們會毫不吝惜地拿出錢來。

　　對他們來說，可以找個符合自己興趣的副業來提高收入、增加財富。由於A型處女座人個性勤勉認真，所以正業及副業都能兼顧。

好運小提示

在投資時，要謹記「欲速則不達」，如果所擬定計劃過於高，則可能痛失財運。

戀愛攻略

　　A型處女座的人談戀愛絕對都是出自真心誠意，十分專一，對對方的關心無微不至。他們不會欲擒故縱或隱瞞真實想法，相當坦誠而忠實地愛著對方。在對方未表明愛意之前，他們因盲目揣摸對方的心思而感到痛苦。他們唯有在得到對方真心以後，才能放下心來談戀愛。他們總是過分擔心自己被拒絕而受到傷害，所以遇到喜歡的人時，往往因為不敢表達自己的

感情而錯失機會。有時他們也不夠積極主動,和對方若即若離,使得交往無法更深入。

　　不過A型處女座的人過於神經質,對愛情過分執著,對對方的要求十分瑣碎,常讓人感到無法呼吸,令人既不耐煩又不忍心翻臉。當量變達到質變,對方無法承受負荷的時候,可能就會不歡而散。

好運小提示

　　要學會適當放手,給彼此多留一些私人空間,或許如此才能得到一份真正的愛情。

婚姻家庭

　　A型處女座的人對結婚相當慎重,考慮問題非常周到,連一些細節問題也要調查清楚。這是由於性格的緣故所致。他們有很強的家庭觀念,對他們而言,家不僅是生活、休息的地方,更是精神的寄託之所。一旦結婚之後,他們對家庭的感情會更加深厚,喜歡「宅」在家裡而極少外出。他們秉性忠厚而善良,對家庭很有責任感,會成為忠實的丈夫或賢慧的妻子,而絕少有外遇情況發生。

　　A型處女座的男性喜歡干涉家務事,凡事自己動手才放心,對家庭開銷也要過問,夫妻之間往往因為芝麻綠豆大的事而鬧得不愉快。不過此型的男性會為了家庭而全心全意無私奉獻,這種態度著實令人感動和尊敬。總之,A型處女座的人具

有顧家、戀家的性格特點,整體上他們的婚姻生活很單純,既規律又平靜。

夫妻之間要懂得謙遜與禮讓,多些和氣,少些賭氣。

💧 最佳速配

► 處女座＋摩羯座＝絕配

處女座和摩羯座是非常般配的情侶組合,他們在對待很多事情上的看法都有共識,兩人對事物的想法看法都非常相近,情侶之間有共同的目標和理想是維持感情最重要的因素,所以當處女遇見摩羯,多半他們會一邊談情一邊為設立目標,一起互相扶持著去打拼。

雖然他們同樣具有思維縝密的,但摩羯其實是比處女座世故許多,對任何事情的處理和看法都比處女座要考慮的完整,而處處們大部分隻看到表面上的一些得失,所以讓天生就善於學習的處處非常願意與摩羯接觸,學習他們身上的優點。時間久了,處處會對摩羯相當依賴,凡事都願意徵求摩羯的意見。

如何讓摩羯認定處處呢?其實很簡單,當摩羯把自己歸入自己的計劃或行程時,他們就已經認定你了。事實上,這樣做的摩羯是表示很想與你共度未來,所以處處們平日要多注意摩羯的行動,說不定你就會發現很多期待已久的事情已經發生了。

與處女不錯的星座搭配還有：

►處女座＋金牛座

金牛座也是能安守本分，甘於平淡的性格，和處女座結合可以帶來穩定幸福的家庭生活，兩個人平實而舒適的愛情態度會為生活打下基礎。兩個人的愛情一定可以天長地久，細水長流正是你們感情生活的寫照。

►處女座＋雙魚座

從星座學來說，雙魚座和處女座很多地方都是相反的，但不過是表達方式不同，其本質是相通的。所以，兩人會是很默契的一對，雙魚座用犧牲的想法去接受處女座的愛，處女座用服務的方式去對雙魚座，兩人能夠互相尊重關心對方。而處女座也因為雙魚座天生的溫柔，會減少很多無謂的嘮叨，尤其擅長掌握他人的心思，能瞭解處女座的想法，是處女座的絕佳人選。

 健康驛站

A型處女座，由於自己徹底的完美主義傾向，對任何事情都過於較真，於是會讓自己一輩子處於操勞之中。而長久的操勞勢必會引發一些身體疾病，最明顯的就是會導致焦慮、心神不寧、神經過敏等症狀的出現。因此，建議A型處女座的人要多吃豆類、肝、瘦肉及穀物、高麗菜等食物。這些食物富含維生素B6，可以有效減緩完美主義的處女座的焦慮、心神不寧等精神問題。

　　A型處女座的人們天生體弱，再加上愛鑽牛角尖的毛病，很容易患上神經性胃炎、腹痛、痢疾等疾病。每當疾病到來的時候，切不可自己胡亂吃藥，要及時就醫，遵醫用藥。

　　對A型處女座最有效的治療就是平靜他們煩惱的心情。因此，平時應多練習淡定，遇事不急。另外，你們還應多做些瑜伽等修身養性的運動。

處女座健康減肥祕笈：

減肥迫切性：★★☆☆☆

關鍵部位：無

　　原因分析：處女座基本上不會出現幾個月或者一兩年內胖了很多的情況。如果胖的話，大多是長期持續胖下來的，不過話說回來，處女座肥胖的機率很低。

　　但是，如果真的發胖了，處女座的減肥往往以失敗而告終，究其原因，無非是毅力不夠。有點神經質的處女座總是突然意識到自己要減肥了，就拼命的想盡辦法減肥，但過不了兩天，就又把減肥的事拋到九霄雲外了。而且，他們的減肥方法也往往不是從根本下手，喜歡「頭痛醫頭，腳痛醫腳」。

A型×天秤座

 性格分析

A型天秤座個性堅強、聰明、上進、具有非常靈活而好質問的腦子，常有非凡的構想。有優秀的平衡感和公正的判斷力，善於協調，八面玲瓏，頗有社交才華。他們企圖平衡、整合各種要素，以達到最佳的結果。他們具有卓越的審美觀，十分厭惡人世間醜陋的一面，無論何時何地都不忘記留給別人美好的印象。

A型與天秤座的組合，有許多背道而馳的地方，所以A型秤子們可能會擁有兩面性格。A型不喜歡無目標的生活，認為只有按部就班向人生目標邁進才會有充實的感覺，他們格外重視平時努力所獲得的成果。但天秤座是典型的風象星座，想到哪裡就到哪裡，不被周密的計劃束縛，他們天性熱愛自由，嚮往無拘無束。A型天秤座人誠實溫和，是個理想主義者。他們的優點是心地善良，有古道熱腸和同情心，處事力求公正與中庸，不願偏激。缺點是優柔寡斷，過分追求高雅的生活，因循

守舊、注重瑣事、缺乏堅定性。

好運小提示

做決定學著果敢一些，做事情試著鑑定一些。

◆ 天秤運勢

　　A型天秤座在學業方面全面發展，特別是數理化、語音美等學起來簡直是如魚得水，毫不費力。這要歸功於他們善於理解、充滿藝術氣質的大腦以及喜歡質疑和提問的性格。在運勢方面，工作運還算穩定，少有波折，在事業上的發展屬於中年運，30歲之後是成功與否的關鍵，同時也會影響晚年時的成功與安定。

　　這個時期至關重要，30歲左右時如果能全力以赴衝刺一番，事業上將會打開一片新的天地。但如果走彎路，或者努力不夠，就要平平淡淡地度過一生。或許是由於不甘寂寞的個性和優雅的氣質，他們的愛情運勢相當不錯，經常在不知不覺中贏得他人的愛慕。

好運小提示

平穩的人生，更不可大意，要多努力，多請教，少走彎路，人生才會在平穩中得以綻放。

職場命運

　　由於A型秤子們十分注重服飾及儀態的優雅，所以並不適合勞力型的工作，他們對工作環境的要求也相當高，必須置身於清靜優雅的環境。A型天秤座的人天生具有藝術細胞和創造力，有令人激賞的音樂及藝術天才，假使能控制對享樂的沉溺，必可獲致此方面的成功。此外，任何需要專業技能和溝通能力的行業都能給A型秤子們提供發揮天賦的舞台。

　　A型秤子們絕不輕言放棄，他們要想使自身的能力獲取他人的認同，關鍵是將積極能幹的形象展示給他人，用自己的工作實績證明自己的才能。對於上司來說，大都喜歡工作有熱情，接受任務時不打折扣，積極主動地克服困難的人，而A型天秤座正是這種典型。他們始終是保持一種高昂的工作熱情，留給上司的總是「積極而又能幹」的形象。儘管他們的工作能力相當不錯，但偶爾缺乏衝勁，以至會給人散漫、消極的感覺，在職場上這樣可能不會被委以重任。

好運小提示

在選擇職業時，一定要找一個興趣相投的工作，如此才會積極主動，保持對於工作的熱忱，提高辦事的效率。

贏在職場

A型天秤座人即使經歷小小的失敗也會憂心忡忡，他們活在幻想的世界中，與現實生活的有一定的差距。他們很容易受到別人的影響，因為要配合別人而改變自己的態度，所以顯得搖擺不定，給人一種愛拍馬屁，不可信賴的印象。

A型秤子們必須明白這樣一個簡單的道理，凡是有事業心的上司，都賞識聰明、機靈、有頭腦、有創見的下屬。只有做出成績，才能表現出自己的才能，有了才能，才可能不斷升遷，任何上司都不願去晉升一個毫無才能的人。

好運小提示

如果想在職場上獲得成功，就要能儘快出成績，這是迫在眉睫必須考慮的問題。

社交技巧

很少人能完全擁有A型及天秤座的優點，也很少人能同時表現A型及天秤座的缺點，通常都會形成微妙的組合。如果兼有A型的踏實穩健和天秤座的優雅自然，則將表現出有教養、有魅力的形象，令人十分著迷。他們待人接物和藹有禮，交際手腕圓滑巧妙，很快便能獲得別人的信任和好感。在社交中會贏得人們的敬仰及推崇。

但如果擁有是A型的嚴肅拘謹和天秤座的散漫，則會成為

一個不易相處的人。他們自尊心極強，一經別人指出缺點，便立刻惱羞成怒，態度十分不友好。因此給人任性而不講理的感覺，也缺乏人情味。

好運小提示

千萬學會克制情緒，不要鑽牛角尖，以免使得身邊的人疏遠自己。

財富密碼

A型天秤們不會突然發一筆橫財，或者一夕之間成為巨富，也不可能突然破產，落到窮困潦倒的地步。他們的財運起伏不大，相當平凡安定。

他們懂得如何妥善運用金錢，對金錢也挺有概念，天生有理財的本能。但是年輕時跟發財幾乎沒有什麼緣分，只有等到中年之後，如果事業有成，狀況才可能好一些。秤子們懂得量入為出，雖然捨得花錢，但總在自己經濟許可範圍之內，充分發揮A型的自制力，保持收支平衡。

A型天秤座的人絕不會為了儲蓄而節省開支，花在交際應酬上的金錢也不在少數，只要手頭稍微寬裕一些，就想去好好地享受一番，往往出手很大方。

好運小提示

A型秤子們的賭運很不好，偶爾玩玩還可以，切記不要沉迷。他們最好也不要參與投機和金融事業，以免深陷困境。

戀愛攻略

A型天秤座外在條件極佳，能吸引異性的注意，所以戀愛運氣不錯。即使自己不去主動追求，喜歡你的人仍會找機會接近你，讓容貌平庸的人十分羨慕。

對於異性有充分的自信，但是一般不會把自信表現出來，只是快樂而優雅地享受著戀愛慕。

A型的自制力加上天秤座的優越感，導致他們無論做什麼事都不會太熱衷，完全採取淡然處之態度，在戀愛上更是如此。即使對方很令其動心，也擺出一種若即若離的姿態，掩飾自己的真情，讓對方捉摸不透他們的內心。但他們絕對不是冷酷無情的人，有時難免真情流露。

A型天秤座雖然早熟，但對「性」的體驗並不算早，儘管好奇心很強，但具備了A型的自制力，不會被熱情沖昏了頭，而隨隨便便由戀愛發展到性愛。

好運小提示

在戀愛中最重要的是收起自己「曖昧」的態度和完美主義傾向，敞開心扉、坦誠地與對方相處，必能迎來近乎完美的愛情。

婚姻家庭

A型天秤座一旦談及婚嫁就變得十分謹慎與現實，會以敏銳的眼光和審美觀挑選未來的另一半，絕不會被愛情所迷惑而糊裡糊塗地完成終身大事。無論是自由戀愛或是經由媒妁之言，他們都能找到理想的終身伴侶，會擁有溫馨、有趣又富於變化的家庭生活。婚後的秤子們也會努力成為一個好丈夫或是好太太。他們對家庭環境相當重視，喜歡把家裡佈置得美妙、生氣蓬勃。但A型天秤座的女性，不太喜歡做家務，希望丈夫能為她分擔。

有時，他們為了證明婚後的自己魅力不減，會到外面與同齡人進行熱絡的交往，但大都適可而止，不會危及婚姻。除非秤子們對對方徹底死心，否則，家庭絕不會出現不可逆轉的危機，更不會以離婚收場。他們對子女的教育方式相當開明，會受到孩子的信賴及敬愛，是孩子心目中的好爸爸或好媽媽，家庭生活幸福和美。

 好運小提示

婚姻生活中，注意協調夫妻的分工與合作，幸福會
偷偷來敲門的。

最佳速配

►天秤座＋水瓶座＝絕配

天秤和水瓶都是風象星座，不論哪一方面都是配合得天衣
無縫，屬於人人稱羨的天作之合。

天秤和水瓶都很擅長處理人際關係，兩人都很受大家歡
迎。這兩個人交往時，水瓶是比較占上風的，而且掌握重大事
情的決定權。天秤座對水瓶獨特的個人風格非常迷戀，而且水
瓶天生冷靜理智，做什麼事情都無懈可擊，更是讓天秤佩服得
五體投地。

水瓶座也不是完全沒有缺點，他們最大的軟肋就是不專
情。他們對情人和朋友是沒什麼差別的，針對這一點，天秤座
可以絞盡腦汁成為他們最好的朋友，然後再慢慢地瞭解他們。
等到水瓶發現天秤非常瞭解自己，就會慢慢地將視線從別人身
上收回來，專注到與天秤的愛情中。

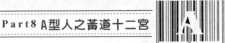

與天秤不錯的星座搭配還有：

►天秤座＋雙子座

開朗風趣的雙子座是天秤座的快樂的搭檔，他們會想盡辦法取悅天秤座，例如，帶你去從來沒去過的地方遠足，出席音樂會，泡酒吧等。他們的結合會讓你們的生活充滿歡聲笑語。他們在一起永遠不會膩，會想出許多的玩法，人也變得精力充沛，創造力十足，享受和對方在一起的歡樂時光。

對他們兩種血型星座的人來說，最好是興趣愛好相同，因此你們的年齡差距不可太大，最理想的是同年齡或相差1歲。

►天秤座＋天秤座

他們都是時尚的寵兒，對美的追求會讓你們越來越親密，他們是陽光的一對，在事業上也會有很多共通之處，可以互相幫助，互相鼓勵。而且，他們擁有共同的生活圈子，共同的朋友，這些朋友會成為他們生活的潤滑劑。

🌢 健康驛站

A型天秤座是處事最具中庸之道的組合，他們往往舉止優雅、善於交際。對於A型天秤座的人來說，多吃維生素Ｃ是非常有必要的，因為維生素Ｃ可以幫助他們保持光彩亮麗的個人形象，使與人交際更富活力與魅力。富含維生素Ｃ的食物有新鮮的蔬菜、水果或生拌菜等。

A型天秤座的人，一向抵抗力不強，很容易患得疾病，因

此平時應該注重加強體育鍛鍊。需要注意的是，鍛鍊不宜選擇強度高的運動項目。

A型天秤座的人很容易患上腰痛、肝病、腎病以及坐骨神經痛等疾病，因此，你們平時應多注意對腰部的保養，散步的時候，經常轉動下腰部。

天秤座健康減肥祕笈：

減肥迫切性：★★★☆☆

關鍵部位：下巴、脖子

原因分析：天秤座其實是俊男美女最多的星座，但是胖子的比例並不低，有時候會給人很惋惜的感覺，「某某某其實挺漂亮的，只是胖了一點」這樣的話多半是形容天秤座。

天秤座的胖不同於巨蟹座的那種結實，大多數是虛胖，像水腫似的。不過，天秤座胖都胖得比較勻稱，甚至可以只是算肉感、豐滿。但是減肥的話，天秤座很難堅持下來，自己想辦法減肥不會有什麼成效，真要下定決心減肥，就去專業的減肥機構吧！

A型×天蠍座

 性格分析

　　用「動如脫兔，靜如處子」這句話用來形容A型天蠍座的人是最貼切不過了。他們愛恨分明，擁有極端的個性，同時也是個十分理性並且沉默的聆聽者，本質裡溫柔善良，內心有正義感，喜歡幫助別人。他們平日裡性情內向、保守而安靜，沉著、溫和而從容，不熱衷於交際，終日躲在自我的小天地中，極富神祕色彩。然而內心深處潛藏的熱情，往往不遜於任何人，與冷酷淡漠的外表是兩種截然不同的風貌。

　　A型天蠍座的人充滿羅曼蒂克的情緒，但並非一味沉醉於不著邊際的夢幻中。他們最無法忍受碌碌無為的生活，喜歡憑著自己豐富的想像力去幻想，描繪未來理想的藍圖。當他們內心激盪著熾熱情感時，對於比自己優秀的人，會產生瘋狂的嫉妒心。而且這種強烈的嫉妒心很快會轉化成仇恨，在沒完全打倒對方之前絕不肯輕易罷手。並且A型天蠍座的人也絕不容許被別人背叛。

嫉妒心是一種不健康的情緒，學會正視自己的對手，懂得打倒對手最好的方法是強大自己。

天蠍運勢

對於A型蠍子們來說，事業上偶爾的不順並不是很糟糕，因為他們會有許多新奇的想法或計劃來沖淡失意。儘管有時也會被這些想法和計劃搞到疲憊不堪，來不及去清理自己的情緒，但整體上是有能力處理這類事情的。在金融投資方面的運勢也算是可以，但卻時常遇到驚險的事。A型蠍子們年輕時候美好的氣度和魅力使得他們不乏愛慕者，在愛情方面他們是永遠處於主宰地位的一方。

面對消極的事情，要用一顆積極的心去對待。

職場命運

A型天蠍座人需要經常不斷地處於忙碌之中，喜歡親自動手去做，喜歡改善自己的工作和生活環境；喜歡更新自己的想法，他們的工作環境絕不容許任何外人入侵。

職場上的A型蠍子們企圖心旺盛、行事風格極端，但外表卻是內斂沉穩、謹慎認真，其實明眼人能一下就看出他們是狠

角色，野心很大，有強烈的權力欲。A型蠍子們總是不計代價想要成功，用盡全力去爭取所要的東西，而且往往是低調行事，擅長放冷箭，讓同事中招了還不知道是誰幹的。

對人性觀察十分敏銳的A型天蠍座，能在短短的時間裡看出對方的整體性格特質。擁有這樣的天賦，在職場生涯中當然是自信滿滿，一路高升。但是一定要切記，山外有山，人外有人，有時也會遇上高手，可能自以為瞭解別人，但到頭來卻發現還是被自以為瞭若指掌的人擺了一道。

好運小提示

> 職場中可以自信滿滿，卻不能夠太過自以為是。

 贏在職場

天蠍座本來就有著異常敏銳的直覺，再加上A型細心固執的個性，給人一種與生俱來便具有強大的力量的印象。他們與眾不同的思考方式及卓越的邏輯能力具備了考古學家、作家及心理醫生的條件。特有的勇氣與堅韌使他們具有非凡的實踐能力，無論對任何工作都能有始有終、貫徹到底。有時工作中在向理想目標挺進時，難免會遇到各種阻力和重重困難，在這種情況下持之以恆是最難能可貴的。

A型蠍子們一旦發揮潛在的野心，即將綻放出人意料的鋒芒。不過缺乏與人交流、協作的個性，使得人際關係可能不順暢，進而可能影響到日後的成就。因此，A型天蠍座人要謹記

一點，如果使人產生不良的印象，吃虧的還是自己本身，所以做事應以誠實取得別人的信任，才有成功的一日。平日裡不妨多和同事小聚一下吧，這樣能更好地瞭解彼此。

好運小提示

少一點算計和嫉妒，也許會有意想不到的收穫。

 社交技巧

A型蠍子們獨特的感染力及熱情使他們可以交到很多真心的朋友。因為他們一旦確定目標就會勇往直前，這種堅韌的性格會讓別人樂於與其相處。他們在與人交際中很懂得拿捏分寸，比較有原則，是個不貪便宜並且有恩必報的人。但是由於天性嫉妒心強，可能給人留下陰鷲的印象，不易被大家接受。

好運小提示

要注意收起陰沉、冷酷的一面，以便使自己更好地融入周圍的人當中。

 財富密碼

A型天蠍座人財運不錯，除了固定收入之外，還經常會從一些投機事業之中賺上一筆數目可觀的意外之財。他們懂得量入為出，很容易集腋成裘，迅速致富，所以具備了成為人人羨慕的大富翁的潛質。然而即使是發了一筆橫財，也不會呼朋引

伴，大宴賓客，以表示自己的歡欣之情，而是喜怒不形於色，不輕易向他人吐露內心情感。雖然他們有著勤儉節約的習慣，但不是守財奴，只要有價值、有意義的開銷，是絕不會吝惜金錢的。

總而言之，收入比支出多的天蠍座財運，加上A型喜歡儲蓄的個性，及周密的計劃，必能使財富愈積愈多。

好運小提示

> 正所謂「花無百日紅，人無千日好」，雖然財運頗佳，但不宜深入到投機事業當中，以免身陷泥潭而無力自拔。

◗ 戀愛攻略

A型天蠍座的戀情以性愛為出發點，沒有性的吸引而僅僅是精神上的愛，永遠不能滿足他們的欲求。他們極具魅力，儘管一向沉默寡言，卻能吸引異性的注意。A型蠍子們一旦開始戀愛，便會全心投入，用滿腔熱情和不屈不撓的韌性打動對方，同時發揮自己犀利的洞察力去透視對方內心真實的想法，使之完全屬於自己。

他們有很強的佔有欲，期望所愛的人永遠忠於自己，絕不容忍背叛行為。一旦發現背叛，那種激烈的恨意，幾乎到了可以毀滅對方的地步。他們在戀愛時會很明顯地表現出來天蠍座強烈的嫉妒心，有時自己喜歡的人跟其他異性表現得稍稍熱心

一點，便會打翻醋罈子。

　　對於 A 型蠍子們來說，他們用情相當專一，不會始亂終棄，但表現愛的方式有很多種，也要時刻節制自己的嫉妒心理。

好運小提示

面對愛情，要時刻節制自己的嫉妒心理，不要太過偏激，以免引火自焚，害人害己。

💧 婚姻家庭

　　A 型天蠍座對結婚的態度十分認真，對結婚對象的選擇亦非常謹慎。他們的感受性十分敏銳，想像力也很豐富，所以婚姻生活十分富有情趣。只要夫妻之間沒有第三者的破壞，婚後的生活將依然熱情如初戀，過得幸福而美滿。不過，長期過這種只有愛情的生活，也會使對方產生厭倦，因為超重的愛情難免妨礙婚姻生活。

　　此類型的人雖然竭盡全力去追求愛情，但也會流露出嫉妒之心。疑神疑鬼，戰戰兢兢的態度可能會導致夫妻之間的問題叢生，嚴重時會走到崩潰的邊緣。但他們不會以打架、爭吵等方式來發洩不滿情緒，而是以冷戰來表現自己內心的憤怒和決絕。當家庭中有其他成員時，會緩和這種莫名其妙的對峙。因為他們雙方會為了保護家庭和孩子而努力克制自己，發揮與生俱來的責任感。

好運小提示

其實信任才是維繫夫妻情感穩固的基石，過度的猜忌和束縛都可能摧毀苦心經營起來的愛巢。

最佳速配

►天蠍座＋巨蟹座＝絕配

天蠍和巨蟹對愛情的態度都非常專一的，一旦認定對方就不會想要改變。而且兩個人都非常重視感情的長久經營，所以他們是一個深情的組合，能穩定下來成家立業、生兒育女的概率相當高。

天蠍與巨蟹相處，天蠍是占上風的一方。天蠍深情款款，還會表現出來的妒意或佔有欲，這讓巨蟹們非常著迷，感受到濃濃的安全感。所以對巨蟹來說，天蠍是完美的情人，看起來好像沒什麼缺點。面對心目中的完美情人天蠍，巨蟹當然要表現出小鳥依人的一面，對天蠍百依百順了。

巨蟹與天蠍在一起時，表面上雖然倔強得很，但是實際上心頭早已小鹿亂撞。所以面對巨蟹，天蠍只要表現出自己的深情款款就好，光是這一點就足以讓巨蟹感動不已、手忙腳亂。即使是心有所屬的巨蟹，也完全可能為魅力十足的天蠍動心。

與天蠍不錯的星座搭配還有：

►天蠍座＋雙魚座

雙魚座是天蠍座在不知不覺中，渴望占為己有的愛人。似乎有種神奇的力量把你們拉扯在一起。但需要注意的問題是，天蠍座喜歡未雨綢繆，而雙魚座似乎對什麼都不負責任。允諾對雙魚座來說根本沒用，這自然是天蠍座十分憤怒。因此，如何解決不和與糾紛，是你們之間必須注意的問題。

►天蠍座＋摩羯座

天蠍座希望遇上有點特別的人，而處事穩當迅速、具有令人稱讚的耐力、堅持到底、富有行動力的摩羯座正是這樣的人。

►天蠍座＋處女座

處女座是純真幻想類型，天蠍座是務實專心類型，兩者的結合必定牢不可破。這樣的結合能把彼此受到的傷害降到最低，一旦兩者瞭解到對方的真心，就會讓感情昇華到很高的境界。

 健康驛站

A型天蠍座是十二星座中，耐力和性慾望比較強的一個。因此，他們需要多吃一些富含維生素E的食物，以便可以經由維生素E來保持荷爾蒙正常的分泌。富含維生素E的食物包括花生、麥胚油、南瓜、豆類等。

A型天蠍座與A型天秤座的體質截然不同，A型天蠍座的人雖然看似不夠強壯，卻擁有著極強的抵抗力。雖然你們體質很好，但卻不能給自己的身體施加過重的負擔，否則會嚴重影響老年的健康。

　　要多注意生殖器與泌尿器官方面的疾病，建議定期做體檢。同時，多放鬆自己的心情，保持身心的健康。

天蠍座健康減肥祕笈：

減肥迫切性：★★☆☆☆

關鍵部位：背部、屁股

　　原因分析：天蠍座總是給人很粗獷的感覺，即使有點小肥胖也看不出來，而且即使肥胖，也不會肥胖在關鍵部位，最多就是背部、屁股、大腿上多長一點肉。所以，減肥的迫切性不高，就算不得不減肥，以天蠍座的毅力，減肥也不是什麼難事。

A型╳射手座

 性格分析

　　射手座和Ａ型兩方面的特徵融合起來會形成令人捉摸不定，難以理解的性格。射手座生性樂觀，開朗，做事積極、進取且精力充沛，為追求自由奔波不懈，獨立精神很強，喜歡我行我素，最討厭被拘束。而Ａ型的性格卻恰巧相反，Ａ型人相當注重傳統道德及社會規範，無論任何事情都能以沉著冷靜的態度去對待，極少超出常規，過著規矩的生活。射手座本身是一個複體星座，具有雙重性格，有時大膽，有時拘謹，有時愛追求真理，有時又沉迷於玩樂之中。這種複雜的雙重性格，加上重視現實的Ａ型氣質，常常會讓人感到莫名其妙。

　　Ａ型射手是知性與理性的結合體，他們對理想的追求十分執著，得不到似乎很難甘休。他們幾乎都是獨立而閒適的個體，友善奔放的性格在人群中一直深受歡迎，「不善修飾，率性而為」是其最鮮明的特徵。瞭解他們的人對其直率無心之言，不僅能夠體諒反而覺得這正是可愛之處，但不瞭解的人常

會為此而生一場悶氣。

　　此類型的人頭腦反應非常靈敏、迅速，頗令人招架不住。不過也有缺乏耐性、自我誇耀、缺乏責任心的性格弱點。

好運小提示

> 對自己有耐心，做事情要有責任心。

射手運勢

　　A型射手座除了要對抗生活的挑戰之外，在工作運勢上，必須更加強掌握問題核心。由於生活負擔過大，體力與工作的效果容易打折扣，所以一定要發揮耐心。這對他們來說是最難的，要時刻保持成熟幽雅、大氣的精神，否則可能錯誤百出，事倍功半。A型射手的財運向來不錯，會有獲得巨額財富的可能。

好運小提示

> 時刻保持成熟幽雅、大氣的耐心，做事情方能事半功倍。

職場命運

　　A型射手座的人在工作中需要很大的空間讓他們跑來跑去，喜歡自由無拘束的工作環境。幽默的他們常常為辦公室裡的人帶來許多歡笑，他們不喜歡嚴肅的氣氛，也不喜歡權威和

官僚制度。在Ａ型射手精神抖擻地向前沖時，千萬別忘記要謙虛。因為就算你是公司的得力中堅力量，公事還是必須公辦。對待下屬和同事，如果壓不住，那就充分授權，讓他們各司其職。

Ａ型射手在職場上做事的效率快得像只豹，總是活力四射，對人友善又豪氣，讓人忍不住想與其稱兄道弟。正是這樣的個性，使得能夠與客戶之間互建立比較好的交情，就算沒做成生意也會變成朋友。如此在推廣業務時有如神助，在職場中前途一片明亮。

好運小提示

職場中懂得謙虛，才能夠更快的上進。

贏在職場

Ａ型射手們要想在職場中有所作為，最重要的是選擇適合自己的職業。他們對於富有挑戰性與變化的職業，能愉快勝任，即使是面對單調的工作也會很有耐心。其實Ａ型射手座更適合像律師、法官、大學校長等充滿知性、富於挑戰的工作，如此更能發揮他們的才華，獲得成功的可能性也相對提高。

Ａ型射手們衝動、知識豐富，工作態度也相當細心認真，只要從事適合的職業，都可贏得別人的信賴。但是如果想要透過捷徑取得成功的話，則可能陷入麻煩當中，因為職場中的射手們往往會忽略細節問題。因此，對於他們來說最重要的是要

根據興趣及能力選擇崗位，這樣假以時日必能在社會上出人頭地。

要記住，成功沒有捷徑，真正的成功來自於自身的拼搏。

 ## 社交技巧

　　A型射手為人慷慨，待人友善，所以他們並不缺乏朋友。樂觀的天性、豐富的幽默感使得有他們在地方必定充滿歡笑。不過若遇到難以解決或無法掌握的事時，就會做事衝動，缺乏耐性，長久下去可能性情急燥，宛如暴君一般，令人有難以靠近之感。

　　因此，A型射手們在與人日常交往中，一定要時刻控制自己急躁衝動的脾氣，把自己真誠、率真，與人為善的優點展現出來，讓別人更深刻地瞭解自己。

學會如何控制自己熱情又多變的極端性格，適時地表達喜、怒、哀、樂、也是獲得廣泛而穩固社交關係的關鍵。

💧 財富密碼

　　A型射手座對金錢的態度是慷慨大方的,但在賺得巨額財富之前必須克制自己一擲千金的習慣。他們在花錢享樂時,絕不會想到當初賺錢的辛苦,其人生態度是——「人生得意須盡歡,莫使金樽空對月」。

　　他們把精神生活擺在第一位,不在乎物質利益,對金錢的支配並沒有放很多心思。有時也會為達到某種目的而不惜熬夜工作,賺取大筆金錢,以滿足自己的慾望。

　　A型射手們在「千金散盡還復來」的觀念影響下,很少有儲蓄的習慣。不過,他們的交際手腕很高明,擁有廣泛的人脈,只要多跟有資源的人交往,便可帶來財運。在股票、不動產、古董方面如果能發揮才能,將可帶來一筆可觀的財富。對A型射手們來說,並不適合保守型的儲蓄致富,而是要巧妙地利用金錢投資來致富。

好運小提示

投資可以給A型射手座帶來一筆可觀的財富,但是須知:股市有風險,投資需謹慎。

💧 戀愛攻略

　　A型射手座的愛情有許多都是由友情發展而成的,他們的獨立精神很強,喜歡我行我素,不願受到別人的約束。有時候

戀愛是由知性的接觸開始，比如以彼此精神的鼓勵，以及學業、事業的切磋琢磨為進展的。除此之外他們對愛情的忠誠也有很高期望，如果對方並非死心塌地，則寧可捨棄而不希望有一絲的勉強。

忠於自己的想法，並切實去做，這是A型射手座的一貫作風，在性方面的表現也是如此。認為在熱情如火的時候，靈與肉的結合是很自然的事，絕不會有敗壞風俗及逾越禮教的感覺。他們對性的要求，只是來自性觀念的開放——愛等於性，認為這是無需求證的真理。所以當愛情由濃轉薄，他們之間的性關係亦宣告結束，而不會藕斷絲連，有任何心理負擔。

A型射手們在談戀愛時，必須慎重選擇交往對象，至少對方的性觀念要和自己同等開放，否則遇到保守的人就很麻煩。同時也要儘量避免為追求對方而不顧一切的作風。

好運小提示

戀愛需要尋求志同道合者。

婚姻家庭

在漫長的婚姻過程中，A型射手座的人具有多面性，有時會讓對方感到善變、捉摸不透。因而尋找適應力強的伴侶相當重要。其實，A型射手喜歡過著無拘無束的生活，婚姻對他們來說是一種無形束縛，經常為家庭的羈絆所苦惱，不知如何擺脫。但婚姻賦予的責任感令他們不會棄家庭不顧，仍舊會盡到

做丈夫或妻子的本分。

事實上，Ａ型射手座一旦面對婚姻問題會變得十分認真，絕不會是一個唯唯諾諾的人，而且一改以前風流作風，變得既有擔當又有責任感。只要他們與另一半坦然相處，多半可以維持一個和平而充滿朝氣的家庭，享受家庭樂趣。Ａ型射手座有忽冷忽熱的傾向，如果太早婚，彼此的感情不穩定，婚姻容易失敗。不妨等到不再只關心自己，能夠為他人著想的時候再安心地建立家庭，以享受美滿的婚姻生活。有時較為情緒化會使夫妻之間產生誤解，導致雙方失和。

好運小提示

夫妻之間要學會心平氣和地溝通，這樣你們相愛的心靈才會更靠近。

 ### 最佳速配

►射手座＋獅子座＝絕配

射手和獅子都是兩個火象星座，談起戀愛來絕對比別人來的熱情高出數倍。他們因為個性上的相似，很少會對對方心生不滿，超級速配。

射手喜歡獅子，不妨湊在一起和他們搞怪作亂，會讓你們之間產生深厚的感情。通常射手想做的事情也會是獅子座有興趣的，所以平常有事沒事陪著他們一起做些瑣事，這會讓他們覺得很高興。想和獅子座交往，只要讓他們知道你在哪裡就好

了，主動報告會讓他們放心，覺得你很依戀他們，慢慢就會走得很近了。

獅子座天生喜歡掌控全域，射手的自由個性會讓獅子座產生不安全感。但是射手座天生喜歡自由自在，不怎麼喜歡被綁得死死的，算對獅子感情再好，也不喜歡失去自由的感覺，自然會我行我素。所以他們相處，獅子可能是感覺到苦澀比較多的一方。

與射手不錯的星座搭配還有：

射手座＋雙子座

雙子座富於理性，是個性開朗的社交家，他們反應靈敏，擅長表達，多才多藝，好奇心強，是實幹派。這些特徵，和射手座非常相似，所以兩者往往能一見鍾情。

射手座＋天秤座

他們的感情不會十分熱烈，但是可以天長地久。他們在一起，親情大於愛情，對於愛情上比較隨意的射手座來說，這反而有穩固的一面。如果天秤座充滿知性美的話，那他們就是天造地設的一對，想拆都拆不開。

射手座＋射手座

兩個大度的人在一起，吵嘴的可能性非常小。如果兩個人一起從事冒險，或者是做具有開拓性的事業的話，會相互鼓勵，勇往直前，所向無敵。

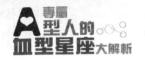

 健康驛站

　　A型射手座，是十二星座中最隨意的星座，他們討厭束縛，喜歡自由、放蕩，即使是吃飯也主張馬馬虎虎、應付了事。因此，A型射手座的人可以多食用些富含維生素B1的芝麻、玉米、黃豆、瘦肉、白菜、芹菜等食物，因為維生素B1是經常吃速食的人所需要的。

　　A型射手座的人擁有著健壯的體魄，以及極其迅速的新陳代謝能力，他們同樣為自己的健康所自信，所以經常會做些強己所難的事情，這對身體危害極大。另外，由於A型射手座的人經常缺少睡眠，故很容易患上咽喉、風濕、肝臟、支氣管之類的病。所以，無論有多年少，也無論有多健壯，保證充足的睡眠很重要。

　　同樣可以多參加些體育運動，運動會讓你的身體更具活力。

射手座健康減肥祕笈：

減肥迫切性：★★★☆☆

關鍵部位：屁股、大腿

原因分析：射手座發胖的機率比較高，不過大多是微胖，這些快樂的小胖子在生活中比較多見。不過，以射手座開朗活潑、精力充沛的特點，減肥的迫切性並不見高。如果減肥，一定不要用枯燥、痛苦的方法，那對射手座不適用。射手座男性可以多選擇球類運動，射手座女性可以跳健美操，做瑜伽。

A型╳摩羯座

 性格分析

魔羯座有如大地一般的堅實、穩固及包容，再加上A型本身所具有這種特徵，一般會表現出內向，略帶憂鬱、孤獨、保守的特點，常會裝出高高在上或是嚴厲的姿態以掩飾自己內在的脆弱。A型摩羯意志堅定、有時間觀念、有責任感、重視權威和名聲，有過人的耐力。欠缺幽默感，重視現實利益及物質保障，是屬於大器晚成的類型。他們極端現實，為了實現自己的目標而不懈努力，是典型的埋頭苦幹派。他們也具有強烈的社會責任感，喜歡擺出一副憂心忡忡的樣子。

A型摩羯座人不易為環境的困頓所擊倒，更不會心灰意冷而裹足不前，而是以與生俱來的韌性，默默承受，逐步朝成功的目標邁進。他們堅信付出總是有回報的，總是以堅忍不拔的精神和孜孜不倦的態度去工作。為達既定目標對於挫折不屈不撓的堅毅個性，正是A型摩羯者特有的優點，但若是固執且過於慎重和優柔寡斷，有時會致使錯過唾手可得的機遇。

 好運小提示

過分謹慎，反而會錯過機會。

💧 **魔羯運勢**

　　A型摩羯座人工作熱情飽滿、幹勁十足。工作中表現非常活躍，在完成工作同時，還會給大家帶來不少的歡聲笑語。偶爾會遇到一些小挫折，若能堅持下去就會獲得不錯的成績。他們思維也很活躍，在某些問題上有自己獨到的見解，因而學業運勢也很不錯。雖然A型摩羯者財運不錯，但在投資理財方面會遇到較多難題，需要冷靜、用心地處理。

好運小提示

面對挫折，迎難而上，將會為自己帶來日後的好運。

💧 **職場命運**

　　不適合A型摩羯者從事的職業有外交官、設計師或與大眾傳播有關的工作。這些職業都需經常交際應酬，跟他們的個性不符，且容易為虛華不實的環境所影響。他們如果能專心致力於工作，就會有卓越的表現，這也是獲得成功的關鍵。

　　許多其他星座和血型的人因為孤獨而難以應付落在身上的責任，而對於A型摩羯者來說，可能喜歡獨自坐在辦公桌前，並且與最親密的同事也保持一定的距離。有時候他們缺乏靈活

性，為人死板，容易被同事或周圍的人敬而遠之。如果有任何事削弱他們的權威時，也會感到異常痛苦。儘管不是所有的A型摩羯座人都這樣獨斷，但不可否認其性格中存在這種成分。

職場上的A型摩羯座任勞任怨、勤懇踏實的工作態度容易博得上司的好感，然而與同事之間的關係比較僵硬。

好運小提示

職場上的人際關係需要加強。

贏在職場

樸實的A型摩羯座喜歡在組織嚴密的機構裡工作，每個人都各有所司，做事的方針和未來的發展都有明確指示。他們保守，重視傳統與紀律，適合在大型機構工作。但是由於不會克制死板、固執的壞脾氣，難免會讓同事厭惡、疏遠。身為摩羯座的一分子，他們的心底同時蘊藏著兩種相反的氣質。一是強硬又堅韌的悍將風範，二是壓抑又悲觀的冷將風格。

另外，遊山玩水或者適當的購物能鬆弛緊張的神經，可以增加工作時的幹勁，啟發創造性，而且也有助於獲得圓融的職場人際關係。

好運小提示

工作儘管很重要，但個人魅力也是不可忽視的。哪怕做得再多，不說出來也是沒用的，一定要學會表達。

社交技巧

A型摩羯們認為這個世界上最靠得住的就是自己，不易相信和接納別人。由於對別人的不信任，因此很少有知心的朋友，生活相當孤獨。他們天生具有堅韌的毅力，最後極有可能登上勝利的寶座，會受到別人的喝彩和歡呼。但如果過於努力地埋頭苦幹，容易給人獨善其身的印象，會使人際關係受損。而且若是一味地只顧工作，會忽略身旁許多可愛的人和事，也會給人一種老頑固的印象。

好運小提示

嚴以待己的A型摩羯者不要忘記寬以待人，做事要變通，儘量有彈性一些，這樣會更有助於人生。

財富密碼

A型魔羯座不會成為人人嫉妒的暴發戶，但由於對金錢的合理利用加上自己勤於儲蓄，在守財方面絕沒問題。他們對金錢的感覺很靈敏，一旦獲得錢財，絕不會輕易付出。這種滾雪球似的積財方式，使其不知不覺間可能就步入中產階級的行列。

A型摩羯座人年輕時或許為金錢愁苦，但三十歲之後，尤其是過了中年，財運會一直上升。他們從事賭博及投機事業的運氣不佳，只要不涉足其間，維持一個小康的生活應不成問

題。若想增加收入而投資其他副業，反而會喪失財運，甚至虧本，因此，還是安安分分地在本業上盡全力發揮，財運自然會隨之而來。雖不致一舉致富，但憑藉著超凡的耐性及毅力，最終一定會得到可觀的財富收益。

　　整體而言，A型摩羯座人不喜歡以不正當的手段來謀求巨額財富，對金錢的態度是保守而謹慎的，有時看上去比較小氣。

好運小提示

最好對金錢適當活用，不宜過於吝嗇，以免引起其他人的反感。

🌑 戀愛攻略

　　A型摩羯者的愛情如同在黑暗中悄悄綻放的山野小花，沒有華麗嬌艷的色彩，也沒有濃郁的香氣。他們在遇到理想的伴侶之前，會靜靜地等待。即使很喜歡對方，也不會直接表達，只是默默地注視，直到有一天被對方察覺，才會向他傾吐愛慕之情。他們對於愛情相當慎重，由於不大相信別人，對異性更是採取消極的態度。因此，A型摩羯者的戀情多半遲遲地才能開花。

　　務實的A型摩羯座人對愛情的期望，不是急風暴雨般的激情，而是細水長流式的細膩情感。他們不會嚮往童話中王子與公主的完美愛情故事，只求以真實體貼的感情來滋潤彼此的心

靈。如果知道雙方沒有結婚的可能,無論他們如何喜愛對方也不會投入感情。

　　A型摩羯者在戀愛上的最大缺點是不善於表達,加上過強的自制心理,往往不易出現美好的結果。如果能放鬆心情,勇敢而巧妙地表達出自己的感情,其愛情將不會夭折。

好運小提示

不要害怕碰釘子,失敗乃成功之母,勇敢地行動起來,把愛意大膽說出口吧。

💧 婚姻家庭

　　A型魔羯座多半進入三十歲之後才結婚,是典型的晚婚型。他們不會以愛情為結婚的先決條件,對方如果無法符合現實中的條件,他們絕對不會考慮婚姻。在結婚以後會將以往積攢的感情全部傾瀉而出,以無限的深情來對待自己的伴侶。這種愛意愈來愈為濃烈,絕不會隨著歲月的消逝而淡薄。隨著年齡的增大,反而愈能表現出他們的優點,是屬於老而彌堅的類型。他們擇偶的眼光很少發生偏差,離婚的情形也很少出現。在婚前A型摩羯者可能會給人難以溝通的印象,但一旦組成家庭之後,就會努力做個稱職、有擔當的好伴侶。

　　A型摩羯座人有個共性,就是非常顧家,任勞任怨,對子女也極為疼愛。

好運小提示

由於生性內斂和不擅表達，所以有必要多對家人說些溫柔體貼的話，以緩和家庭氣氛。

最佳速配

►摩羯座＋巨蟹座＝絕配

當摩羯與巨蟹交往的時候，一個星座中的絕配誕生了。

摩羯座與巨蟹座交往起來，兩個人都規矩而踏實的為未來而努力，沒有什麼鈎心鬥角的問題。即使有一致的意見，雙方也會互相理解、相互妥協，儘快把問題處理掉。所有這是一個很堅強的組合，一旦配對成功就很難有什麼原因能把兩人分開了。這兩個星座對於成家立業都有相近的認識，目標差不多，，所以在一起後就會為以後的生活準備。

摩羯座要想追求巨蟹，可以趕快把心目中未來的目標拿出來實現，讓巨蟹感到一片美好，充滿安全的感覺，成就這段感情就沒什麼問題了。巨蟹不會拖摩羯愛人的後腿，如果你在為兩個人的未來打拼，那麼巨蟹一定會全心支持你，讓你沒有後顧之憂。摩羯需要做的就是平常一定要表現出對巨蟹的重視，讓他們安心等待你的成功。

如果非要給這對璧人找點什麼缺點，可能就是他們太為生活而努力了，有點不夠浪漫吧。

與摩羯不錯的星座搭配還有：

►摩羯座＋金牛座

金牛座內向沉穩、刻苦耐勞，在別人看來也許很乏味，但在務實的摩羯座眼中，這樣最可靠，最值得信賴。雙方都會樂意和對方一起實現細水長流、天長地久的愛情。

►摩羯座＋處女座

這是難得的能對摩羯座產生強烈吸引力的一類人，溫柔體貼、善解人意的處女座不經意就把摩羯座吸引過去的，隨著雙方在一起相處的時間越來越長，也越來越分不開了。這種從友情轉到愛情的感情，很適合讓謹慎，對異性有排斥感的摩羯座上手。

►摩羯座＋摩羯座

完全同類的兩個人在一起，一定能找到相同的生活節拍，真正做到夫唱婦隨，琴瑟相協。

🩸 健康驛站

憂鬱嚴肅的性格是Ａ型摩羯座的特質，因此，Ａ型摩羯座的人非常容易患得中樞神經系統和腎上腺的疾病。這就需要多吃一些富含維生素Ｂ5的食物來加以預防和保持中樞神經系統和腎上腺的正常機能。富含維生素Ｂ5的食物包括綠葉蔬菜、牛奶、玉米、豆類和蛋類等。

身為摩羯座的你，雖然身體素質極為良好，但卻十分懼怕

寒冷，因此，冬天一定要多穿衣，注意保暖。同時，由於你們很容易患風濕、神經痛、貧血等疾病，你們也要多加保護自己的膝蓋部位。

平時在工作與生活中，要經常給自己適當的放鬆。壓力過大，會傷害身心。還要多參加些戶外活動，同時也要小心意外傷害。

摩羯座健康減肥祕笈：

減肥迫切性：☆☆☆☆☆

關鍵部位：無

原因分析：嚴肅、深沉、憂鬱的摩羯座要胖起來實在太難了，恐怕需要增肥的摩羯座比需要減肥的摩羯座還要多。當然，大多數的摩羯座是清秀、挺拔的好身材。如果摩羯座不幸肥胖了的話，大多數是內分泌失調導致的，只要調整好心情，肥胖便會消失。即使有極個別例外，因生活條件比較安逸發了胖，以摩羯座的毅力，要瘦下來也不是什麼難事。

Ａ型×水瓶座

 性格分析

在星座與血型的配合上，以Ａ型及水瓶座的搭配最為極端，是兼有兩種極端性格的一種類型。其性格成了強烈的對比，在日常生活中會顯露出矛盾而不協調的一面。比如說有時雖持有獨特的見解及思想，但是在行動上卻無法突破，依然按照舊步調走。水瓶座有創新精神，而Ａ型人卻思想古板，墨守成規，不輕易突破現狀。兼有這兩種特質的Ａ型水瓶座的行為往往缺乏連貫性，令人感到莫名其妙。這說明Ａ型水瓶座人在思想及行為有兩極分化的可能性。

Ａ型水瓶座人才華橫溢、聰敏過人、喜歡沉思，具有客觀的觀察力，積極的求知欲，堅定的意志力和正確的判斷力。個性剛正不阿，公正無私，為朋友的事情可以兩肋插刀。但是他們最大的缺點就是過於重視理想，可能會被誤認為是個缺乏情感，自命不凡的人，讓人感覺難以親近。

好運小提示

過分的冷靜和理智也會造成與社會的疏離感，容易
被誤解為薄情寡義，這對於人際關係來說，具有相
當負面性的影響。

💧 水瓶運勢

不管是在工作、學習、生活環境中，還是周遭的人事，原
來做事的方式等方面都會面臨著一些挑戰。對水瓶座的人來
說，這些挑戰算是新的經驗，需要花時間去學習、適應。A型
水瓶座的人整體運勢頗佳，尤其在事業和學習方面，很可能會
開拓出一片新天地。博愛開朗、明理懂事、尊重他人的性格特
點也會為他們帶來一帆風順的愛情運勢。

好運小提示

適應新挑戰，打造成長中全新的自己，才會讓自己
的運勢芝麻開花節節高。

💧 職場命運

A型水瓶座兼具豐富才能與積極進取之心，只要從事適合
的工作，便可望成為該行業的佼佼者。他們喜歡按照自己的方
式去做自己該做的事情，而不希望受到外部建議的干擾。他們

205

很有抱負，善於從事能表達人文關懷的行業。因而能夠成為出色的社會工作者和福利機構管理者。管理嚴格的大型企業，或官僚主義盛行的職業場所，則不適合A型水瓶座人愛好自由，不受拘束的性格。

水瓶座的A型人具備了各方面的才能，應選擇適合自己才華和愛好的工作。他們理想工作環境必須能給他們足夠的空間和自由，但現實中很難找到這樣的環境，所以他們很少在一個地方待很久，常四處遊走，學習和經歷不一樣的事物。由於水瓶座與A型在性格上的雙重性，他們在工作中會給人一種善變、辦事不牢靠的感覺，因此經常不會被委以重任。

好運小提示

> 要想加強自己的職場角色，那就多學習辦事情的執著與穩重。

 贏在職場

A型水瓶座人反應靈敏，思維活躍，在職場上要多發揮自己的特長，多做一些和創意和策劃有關的工作。對上司，要學會尊重，在有不同意見的時候，要儘快提出，不能擺出一副懶得爭辯、自命不凡的姿態。對同事，要學會坦誠相待，和平共處，對別人的缺點和問題採取包容的態度，避免與人爭執，這樣才能建立對自己發展有利的職場人際關係。

好運小提示

> 學會以誠待人，寬大自己的胸襟，主動融入職場人際圈子。

💧 社交技巧

A型水瓶座的社交關係屬於博愛型，會有很多朋友，但是和他們最要好的朋友，是相處最久的人。他們富於知性和理性，善於分析與思考，具有思想家的氣質，因此天生有清晰冷靜的頭腦和豐富的創造力，對事物有獨特的見解，與他們交往常會不自覺地受到影響。不過A型瓶子社交的致命缺點是三分鐘熱度，容易讓朋友產生被利用或被忽視的心理。

所以，A型瓶子和他人相處時，最好能多收斂一下凡事要求理性的個性，多用帶感情的眼光看世界。同時也要多多關心身邊的朋友，讓他們看到自己細膩柔軟的一面。

好運小提示

> 多收斂一下凡事要求理性的個性，多用帶感情的眼光看待世界，那麼將會擁有令人刮目相看的社交人際。

💧 財富密碼

A型瓶子們比較重視精神方面的事情，對物質的慾望則較

淡薄。即使有閒置的錢財也不會拿來投資或走其他生財之道。造成這種觀念的原因在於此類型的人的心中有美的意識在作祟，以致能察覺賺錢發財醜陋的一面。他們認為只要能維持起碼生活就可以了，所以不會過分注重錢財，也沒有成為大富翁的渴望。儘管如此，他們賺錢的能力卻高人一籌。

此類型人也有花錢過於大方的傾向，一擲千金而面不改色，只要手頭有一筆錢，就會隨心所欲地花掉，根本不會考慮把這筆錢儲蓄起來。然而守護星天王星卻能帶給他們意想不到的財運。在生活中當他們卓越的才華受到肯定之後，財源便會滾滾而來。

好運小提示

應該適當改變一下花錢如流水的不加節制的傾向，學著把手頭的資金變成不動產或者進行其他投資，都可能會迅速地得到可觀的收益。

🌢 戀愛攻略

A型水瓶座有著博愛精神和追求美好的事物的願望，他們是追永恆愛情的專一者，將男女關看得既神聖而純潔。對於愛情，他們是天生的冷靜派，能透視潛伏在愛情之中的利己主義及獨佔欲。他們的戀愛過程，通常是由友情逐漸發展成愛情。他們很少牽涉到兒女私情或做出越軌的舉動，不屑於接受不純淨的愛情，談戀愛時經常談論的話題，不外乎人生、宗教、學

問等單純的內容。

　　A型瓶子一旦找到發自內心喜歡的對象，會以深厚的感情去關懷所愛的人，成為一個包容對方的理想伴侶。同時他們也有任性的一面，極厭惡思想或行動受到異性的束縛，只要對方有干涉自己的行動，便顯得怏怏不樂。在性方面思想的開放，並不代表行為的開放。對性的慾望也很淡薄，絕不會被肉體的慾望的所俘虜。由於他們的自我意識較強，在性行為的過程中容易因為一時的情緒變化，而導致態度冷淡下來。

好運小提示

在戀愛中只要謹記相互包容，互敬互愛，就一定能擁有一份令人羨慕的愛情

♦ 婚姻家庭

　　A型瓶子們的婚姻家庭觀與眾不同，認為婚姻自由自在就好，甚至認為夫妻不必同床共枕，分居的狀態反而較能保持婚姻的和諧。對A型水瓶座的人來說，隨時站在對方的立場，以明朗的態度彼此扶持的伴侶，將是理想的對象。他們就算有懷疑或嫉妒心，也不會顯露出來，所以夫妻關係表面上看起來十分平淡。

　　A型的瓶子秉持寧缺毋濫的原則，在遇到真命天子或真命天女以前是不會草率結婚的。他們相信和家人最理想的關係就如同朋友般的感情，通常不會擺出一家之主的架子。女性會進

入社會工作，男性則經常幫忙家務，互相努力，彼此分擔。當家庭發生問題時，他們抱著寬大的胸襟，去原諒犯錯的那一方，希望能大事化小，小事化無，和平地解決。即使是有外遇之類的事情發生，那也不過是朋友的程度而已，絕對不會危及到家庭的穩定。

好運小提示

夫妻之間，多些溝通和理解，少些懷疑或嫉妒，生活就會和睦更多。

最佳速配

►水瓶座＋雙子座＝絕配

水瓶座和雙子是兩個很相似的星座，在一起不用說太多話就心有靈犀一點通，默契好得讓旁人妒忌。不過，他們之間的默契是朋友間的默契而不是情人的默契，這個配對沒有什麼熱情，相處比較像朋友。

這樣有名的黃金配怎麼能就這樣浪費了？還是找機會發展下關係比較好。雙子們的習性和水瓶差多少，都很喜歡玩，而且一般居無定所、酷愛自由，兩個人在一起輕鬆又愜意。所以如果水瓶喜歡雙子，只要做回自己就好了，就能和雙子遊刃有餘地相處。即使最後成不了戀人，也會相處得很愉快。

水瓶和雙子相處水瓶比較佔優勢，因為種種智力的比較中，水瓶似乎略勝一籌。並不是說雙子比較笨，而是水瓶想得

總是比較周全一些，而且記憶力比較好。雙子們玩心太重，玩著玩著就忘記了，要是情侶吵架，翻舊帳記性不好可是很吃虧的。不過這種機會不多，水瓶和雙子都不喜歡記仇。

與水瓶不錯的星座搭配還有：

►水瓶座＋天秤座

品味高雅、優雅從容、談笑風生的天秤座對水瓶座擁有一種說不出來的吸引力。

天秤座和水瓶座有個共同點，就是都喜歡認識朋友，交遊廣闊，同時也肯相信對方、各自保持空間，他們之間是屬於心靈交流式的戀情。對在乎精神方面交流的雙方來說，都是理想的情侶。

►水瓶座＋射手座

射手座很自由、開放、外向，對於新潮事物敢於嘗試，其野性的一面可以幫助水瓶座實現理想，而水瓶座細心，有謀略，能很好根治射手座的魯莽，是互補性的一對。

►水瓶座＋白羊座

白羊座求新求變、活力四射的性格特徵，會對水瓶座熱情的生活方式產生共鳴。而且，白羊座的性格要果斷堅強得多，可以有效地治療水瓶座優柔寡斷的毛病。白羊座對水瓶座來說，簡直是有百利而無一害。

 健康驛站

　　水瓶座仿似模擬人體的血液迴圈，因而保持Ａ型水瓶座的血液充足、循環通暢極其關鍵。所以Ａ型水瓶座的人平時要多吃些富含維生素B9的食物，因為維生素B9能有效治療貧血、食欲不振等病症。富含維生素B9的食物包括扁豆、甘藍等。

　　Ａ型水瓶座的人，由於經常用腦，需要多補充營養。同時，對於Ａ型水瓶座的人來說，精神疲勞時造成疾病的最大原因，故應多注意調控自身的情緒。每當有閒暇的時間，多從事一些戶外活動，多欣賞些自然美景，對你的精神愉悅很有作用。

　　手腕和腳踝是Ａ型水瓶座最需要保護的地方，它們與自身的健康狀況息息相關，因此要避免這些部位的受傷。

水瓶座健康減肥祕笈：

減肥迫切性：★★★★☆

關鍵部位：腿部

原因分析：水瓶座是屬於偷偷長肉的那種，他們暴飲暴食的生活方式很容易發胖。他們神經比較緊張，就常常在吃的上面來調節情緒，不知不覺就胖了。而且，水瓶座比較喜歡穿寬鬆的衣服，所以胖了也不容易察覺。

A型×雙魚座

 性格分析

　　A型雙魚座最典型的特徵是善解人意,他們想像力豐富,具有詩意的情懷,反應迅捷,思維靈敏,樂於助人,很不會拒絕別人。A型雙魚看到別人有困難,必定會伸出援助之手,即使因此愛到牽連也絕不後悔,他們具有『人溺己溺,人饑己饑』的胸懷。A型雙魚除了給人善良、慈悲的印象之外,還有十足的神祕氣氛。那些獨特的想法很讓人摸不著邊際,無法理解。A型雙魚平時給人的特點是深情易感,浪漫多情,這是來自守護星海王星的影響。

　　A型雙魚最大的缺點是逃避現實,缺乏面對問題的勇氣——他們往往意志不堅,猶豫不決,耽於幻想,不切實際,可能會陷入腳踏兩條船的窘境。

好運小提示

　　多情切不可多疑,愛幻想切不可等同於生活,生活要求的是實實在在的東西。

213

 雙魚運勢

　　A型的雙魚座人外表是有點靦腆的，謙讓、文靜而含蓄。他們的學業運超好，在各種考試都有不錯的成績表現。工作運勢也比較理想，在職場上會有許多創見、點子或是發明，而得到他人的認可也不是問題。A型雙魚座的戀愛運勢一般，容易陷入三角戀當中，由於過於敏感的特質會增加戀愛中的困惑和煩惱。

發 揚 自 己 的 優 勢，學 會 懂 得 趨 利 避 害。

 職場命運

　　A型雙魚座的人，充滿了夢幻情思，具有不計得失，服務人民的博愛精神。如果能將天賦發揮出來，則不難自成一家。其適合的職業有畫家、小說家、詩人、音樂家等。另外諸如美容師、服裝設計師、模特兒等主導流行的職業，也很適合A型雙魚座的人。A型雙魚座的人不太善於組織工作，比較願意做一些默默無聞的幕後工作。他們能夠強烈體察到別人的痛苦，喜歡幫助弱者，有成為伸張正義的律師的潛質。強烈的事業感也會令A型雙魚座的人進入醫院或者宗教機構。

　　A型雙魚座的人是極度敏感的一群，在職場上容易受到別人的排斥，也會不自覺地被捲進其他同事明爭暗鬥的漩渦當

中，應該提高警惕，儘量避免事端和麻煩。

不要太過敏感，坦然的生活，也會讓自己身心愉快許多。

贏在職場

A型雙魚座的人在現實的激流中常身不由己地被沖離了原定方向，造成了變化多端的人生。如果想在職場上獲得成功，就應該循著自己原定路線的前進，盡情發揮才華和專長，傾注全力去發展自己的職業。立足點穩定與否相當重要，故應確定明確的目標，堅定信念勇往直前。

一般而言，A型雙魚座的人只要是做自己喜愛的工作，在任何環境下都能會傑出的表現，也會收穫事業上的成功。

正確定位自己，做自己想做的工作，將會獲得一定的成就。

社交技巧

A型雙魚座的人善於交際，應付環境的能力超人一等，容易獲得極好的人緣關係。他們對人親和、善解人意，也總是耐

心聽人傾訴，讓人感覺很窩心。但是偶爾也會沉迷於夢幻般的想像中，而忽略與身邊的人們進行交流。Ａ型雙魚座的人要在充當傾聽者的同時也多多表達自我的內心感受，向他人敞開心扉，讓人更好地理解自己。對於Ａ型雙魚座的人而言，不擅拒絕、不夠果斷的個性，使他們有時吃了悶虧也只好認栽，真是「啞巴吃黃蓮——有苦說不出」。

好運小提示

在和人交往時，最關鍵的是堅持自己的原則的底線，在出現不同意見的時候大聲說「NO」。

🌢 財富密碼

Ａ型雙魚座的人平日和朋友出門喜歡搶著付錢，還經常出自同情心而掏腰包救濟別人的事情，經常導致金錢匱乏。他們不為金錢所束縛，把財富看得很淡。Ａ型雙魚座的人沒有得天獨厚的好財運，加上其本身也缺乏賺錢的能力，因此發大財的機會可說是屈指可數。

才能及直覺能力是Ａ型雙魚座人致富的祕訣，他們在經濟上的轉機大都得自藝術活動的成就。陶醉在自我的天地裡的與世隔絕的孤立作風，無疑是與財運背離。如果你想在人際關係上保持圓滿的關係，跟他人交流使自己的魅力成為財運的橋樑，就必須活躍在社會上，把自己的才華發揮得淋漓盡致。

Ａ型雙魚座人容易只顧別人，而忽略了自己。他們若是想

要獲得好財運，必須讓大家肯定自己的才華和風格，這是成功
與否的關鍵所在。

學會表現自己，贏得大家對自己的肯定，價值肯定
的同時就意味著擁有良好的收入。

 戀愛攻略

　　A型雙魚座人在純潔的靈魂與渾濁的情欲之間徘徊著，他
們的愛情是一種如大海一般深不可測的愛情。他們的愛永遠是
被動又認真的，在對方明白地表達對自己的情意之前，會把思
慕之情深深埋藏在心底，默默地守候和等待。他們的感情起伏
非常激烈，喜、怒、哀、樂的表現也明顯，容易受到傷害。在
付出真情之前，很少考慮到對方值不值得愛。一旦發現自己熱
愛的對象是個無情無義的負心人，所受的傷害會是永難修復
的。

　　A型雙魚座的人多半缺乏勇敢向四周障礙挑戰的勇氣，一
旦面臨困境，柔弱的一面就隨之出現，繼而放棄了愛情的努
力。有時會因為不願傷害別人，而無法抗拒對方的引誘及追
求。其實A型雙魚座人有種與生俱來吸引異性的能力，在戀愛
中只要適時表達感情，就能輕而易舉地擄獲對方的感情。但是
也要注意的一點是，當無法接受對方時，應在感情沒深入之前
向對方說明白，避免產生誤會。

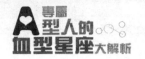

A型雙魚座的人最好以友情開始，在互相瞭解之後再展開戀愛，才不會受到個性不和的情感折磨。

婚姻家庭

A型雙魚座人在婚姻的歷程上走得十分辛苦，可能會經歷一連串沒有結果的愛情。一旦找到情投意合的對象結婚之後，就會全力以赴去做一個理想的丈夫或妻子。由於信奉愛情至上主義，可能會對對方要求苛刻，有時也會疑神疑鬼，弄得家中雞犬不寧。最好在戀愛和婚姻之間劃清界限，否則一旦受到對方感情的牽制，過著沒有主見的婚姻生活，必然會帶來許多痛苦。

A型雙魚座人在性生活方面，經常保持新鮮、快樂的心情，可是當另一半背叛了自己的時候，就會到外面尋求刺激企圖刺激對方，最後弄得雞飛狗跳，家庭破裂，不歡而散。所以切莫因對方背叛了就喪失理智，應先找出問題的病結所在，才不致毀了家庭幸福。而如果另一半能以誠相待，他們的婚姻會十分美滿和諧。

對愛人多點信任，少點苛刻，多點理智，少點計較，那麼將會迎來幸福的婚姻生活。

最佳速配

►雙魚座＋天蠍座＝絕配

雙魚與天蠍相處時，雙魚的浪漫多情會讓天蠍不可自拔。而且雙魚對天蠍的瞭解相當深刻，叫天蠍座感動不已，想不動真感情都難。此外，這兩個星座相處時愛情上的浪漫與溫柔都是由雙魚座主導出來的。雖然天蠍座也魅力十足，但是與雙魚座無與倫比的製造浪漫的能力相比，在愛情交鋒中還是遜了一籌。這也解釋了為什麼天蠍座總是被雙魚座迷得七葷八素。

雙魚座溫柔天真的模樣是吸引天蠍的不二法寶。雙魚座只要保持若即若離的距離，暗暗撩撥天蠍座的心情就好，保證他們會自投羅網。為了雙魚座溫情的微笑，天蠍會排除萬難來雙魚座的身邊，毅力十足。

與雙魚不錯的星座搭配還有：

►雙魚座＋巨蟹座

巨蟹座是個實幹家，他們沒那麼多幻想，也不在意一些虛無縹緲的東西，粗線條的巨蟹座配上細膩善感的雙魚座，可以說是搭配合理，相得益彰。

►雙魚座＋摩羯座

摩羯座是個絕對可靠的人，他們無論處在任何困難的環境裡，永遠那麼慎重而且勤勉，擁有別人望塵莫及的毅力，那親切的笑臉、完美的表現，往往讓雙魚座不由自主地心跳加快。

► 雙魚座＋處女座

敏感、溫柔、內向的兩人很容易就找到了讓自己心動的感覺，一旦確認到對方的心意，兩人就再也不會分開，可以說，處女座與雙魚座是天造地設的一對。

 健康驛站

A型雙魚座的人極易糾結於各種矛盾之中，因此常會精神緊張、心情壓抑，進而導致不想吃飯的狀況。所以，A型雙魚座的你平時要多吃些要煙鹼酸來減少疲倦厭食的情況。富含煙鹼酸的食物有肝，瘦肉，蛋，魚類，乾豆類，綠葉蔬菜等。

A型雙魚座的你，因為太過敏感，容易產生糾結的情緒，並常為他人之事而耗心勞神，所以你很容易得上精神方面的疾病。而精神方面的亞健康又常常會導致心臟病、婦科病的併發。另外，足踝至腳尖的部分是你身體的脆弱部位，平時要多加防護。

容易多事的A型雙魚座，更要注重養心。任何事情不要強求，一切順其自然最好。

雙魚座健康減肥祕笈：

減肥迫切性：★★★☆☆
關鍵部位：屁股、大腿
原因分析：與有些喜歡在外面大吃大喝的星座不同，雙魚座喜歡一個人窩在家裡，一會兒往嘴裡塞一點東西，加上不喜

歡戶外運動，不胖實在很難。對於雙魚座來說，最好的減肥方法就是去談一場戀愛，既可以改變不喜歡和人打交道的毛病，也可以借助愛情的力量來完成減肥大計。

▶ 專屬 A 型人的血型星座大解析 （讀品讀者回函卡）

■ 謝謝您購買這本書，請詳細填寫本卡各欄後寄回，我們每月將抽選一百名回函讀者寄出精美禮物，並享有生日當月購書優惠！
想知道更多更即時的消息，請搜尋 "永續圖書粉絲團"

■ 您也可以使用傳真或是掃描圖檔寄回公司信箱，謝謝。
傳真電話：（02）8647-3660　　信箱：yungjiuh@ms45.hinet.net

◆ 姓名：＿＿＿＿＿＿＿＿＿＿　　□男 □女　　　□單身 □已婚

◆ 生日：＿＿＿＿＿＿＿＿＿＿　　□非會員　　　□已是會員

◆ **E-mail**：＿＿＿＿＿＿＿＿＿＿　　電話：（　）＿＿＿＿＿

◆ 地址：＿＿＿＿＿＿＿＿＿＿＿＿＿＿＿＿＿＿＿＿＿

◆ 學歷：□高中以下　□專科或大學　□研究所以上　□其他＿＿＿＿

◆ 職業：□學生　□資訊　□製造　□行銷　□服務　□金融

　　　　□傳播　□公教　□軍警　□自由　□家管　□其他＿＿＿＿

◆ 閱讀嗜好：□兩性　□心理　□勵志　□傳記　□文學　□健康

　　　　　　□財經　□企管　□行銷　□休閒　□小說　□其他

◆ 您平均一年購書：□5本以下　□6～10本　□11～20本

　　　　　　　　　□21～30本以下　□30本以上

◆ 購買此書的金額：＿＿＿＿＿＿＿＿

◆ 購自：□連鎖書店　□一般書局　□量販店　□超商　□書展

　　　　□郵購　　　□網路訂購　　□其他

◆ 您購買此書的原因：□書名　□作者　□內容　□封面

　　　　　　　　　　□版面設計　□其他

◆ 建議改進：□內容　□封面　□版面設計　□其他＿＿＿＿＿

　　您的建議：

讀好書品嚐人生的美味

專屬 A 型人的血型星座大解析